Einen Versuch wert

ist die häufig unterschätzte englische Küche. Nicht nur das weltberühmte Frühstück und der elegante High Tea mit Kuchen und Sandwiches überzeugen, sondern auch feine Suppen, delikate Salate sowie klassische und moderne Fisch- und Fleischgerichte. Entdecken Sie eine Küche mit langer Tradition und liebenswertem Understatement und lassen Sie Ihre Freunde wissen: Dinner will be served!

Die Farbfotos gestaltete Odette Teubner.

INHALT

Die Temperaturstufen bei Gasherden
variieren von Hersteller zu Hersteller. Welche Stufe Ihres Herdes der jeweils angegebenen Temperatur entspricht, entnehmen Sie bitte der Gebrauchsanweisung.

Leckeres von der Insel

England ist in den letzten Jahren als Urlaubsziel immer beliebter geworden. Zwar hat der Massentourismus die Insel noch nicht erobert. Aber immer mehr Individualisten fahren zum Golfspielen nach Schottland, zum Lachsfischen nach Irland oder zu einem der vielen Musikfestivals, die im Sommer an vielen Orten stattfinden. Sehr beliebt sind auch die Sprachkurse in den Seebädern an der Südwestküste und die Wochenenden in swinging London. Was auch immer der Grund der Reise ist, man macht Bekanntschaft mit der Küche des Landes und dabei die Erfahrung, daß sie viel besser ist als ihr Ruf.

Neben der klassischen Küche mit ihren traditionellen Gerichten wie Roastbeef und Yorkshire Pudding, Pies in allen Variationen, deftigen Eintöpfen und köstlichen Desserts hat sich in den letzten Jahren auch eine leichte moderne Küche entwickelt. Engagierte kreative Köche beweisen das mit phantasievollen Gerichten aus den erstklassigen Produkten des Landes: fangfrischem Fisch und Meeresfrüchten, ausgezeichnetem Fleisch und Geflügel. Besonders gute Wurst soll es in Yorkshire geben, und zwar über 30 verschiedene, für unseren Geschmack zum Teil ausgefallene Sorten wie Schweinewurst mit Lauch oder Lamm mit Minze. In dem milden Klima gedeihen viele Obst- und Gemüsesorten besonders gut. Nicht zu vergessen sind die guten Molkereiprodukte von der cremigen Clotted Cream, einer dickflüssigen Sahne, über leicht gesalzene Butter bis hin zu der beachtlichen Käseauswahl. Wer zum Beispiel in dem berühmten Londoner Kaufhaus Harrods die Lebensmittelabteilung besucht, wird beeindruckt sein, wie groß und vielseitig die Auswahl einheimischer Produkte ist.

Genuß auf feine englische Art in stilvoller Umgebung und mit Blick auf einen der wunderschönen Parks.

Auch die Weinabteilung ist bemerkenswert: nicht nur wegen der sorgfältig ausgewählten Weine aus der ganzen Welt, sondern auch wegen der einheimischen, die vor allem in Kent angebaut werden. Bier bester Qualität gibt es bereits seit Jahrhunderten.

Toller Start: das englische Frühstück

Der Schriftsteller Somerset Maugham soll einmal gesagt haben: »Die beste Art, in England gut zu essen, ist die, dreimal am Tag zu frühstücken.« Das ist natürlich maßlos übertrieben, denn auch bei den übrigen Mahlzeiten kann man gut essen, aber das Frühstück ist wirklich etwas ganz Besonderes.
Es beginnt mit einem Glas frisch gepreßtem Orangen- oder Grapefruitsaft. Dem folgen Spiegeleier mit Speck und Tomate, ergänzt je nach Angebot durch gebratene Nieren, Würstchen, Champignons und weiße Bohnen mit Tomatensauce. Sehr angenehm für den Magen ist Porridge, ein warmer Haferbrei, mit kalter Sahne begossen und bestreut mit Zimt und Zucker, geschmacklich abgerundet durch einen Löffel voll Backpflaumenkompott. Nicht zu vernachlässigen sind die Smoked Kippers, kleine geräucherte Heringe, und natürlich der knusprig geröstete Toast mit leicht gesalzener frischer Butter und Orangenmarmelade. Dazu gehört ganz viel Tee, leichter Breakfast Tea oder eleganter Darjeeling, je nach Vorliebe mit Milch oder Sahne, braunem oder Kandiszucker.
Natürlich nehmen nicht alle Engländer morgens, bevor sie sich auf den Weg zur Arbeit machen, eine derartig umfangreiche Mahlzeit zu sich. Aber ganz ohne Frühstück geht es auch nicht. Und am Wochenende, wenn alle Zeit haben, ist so ein Frühstück ein wunderbarer Anlaß, mit der Familie und mit Freunden Kraft und gute Laune für den Tag zu sammeln – in England ebensogut wie auf dem Kontinent.

Lunch: die kleine Mahlzeit

Den Lunch nehmen viele Berufstätige im nächstgelegenen Pub ein. Dort gibt es kleine Gerichte wie Pies und Eintöpfe, außerdem Sandwiches, belegt mit Salat, Käse- und Schinkenblättern, Tomaten- und Eierscheiben. Wer es besonders eilig hat und schnell im Gehen eine Kleinigkeit aus der Hand essen möchte, der entscheidet sich vielleicht für Fish and Chips, dem heimlichen Nationalgericht. Die in Teig getauchten, goldgelb fritierten Fischstücke gibt es zusammen mit Pommes frites und Ketchup oder einer Art Erbsbrei im Straßenverkauf.
Auch wer zur Lunchzeit zu Hause ist, wird nur eine Kleinigkeit zu sich nehmen, einen Auflauf oder Welsh Rarebits etwa.
Außer den alkoholfreien Getränken gibt es zum Lunch leichtes helles Bier, zum Beispiel Ale, oder Cider, gegorenen Apfelmost.

Afternoon Tea: genußreiches Ritual

Ob gemütlich zu Hause genossen, ob in einem kleinen Coffeeshop oder in einem großen eleganten Londoner Hotel: Das Ritual des Afternoon Teas wird gepflegt, in dieser oder jener Form.
Der Tee wird sehr sorgfältig zubereitet. Man wählt unter verschiedenen Sorten aus, einen kräftigen Assam oder einen Earl Grey, oder eine andere der vielen gut bekannten Mischungen. Die klassische Zubereitungsart ist folgende: Die Kanne mit kochendheißem Wasser ausspülen, um sie so vorzuwärmen, die Teeblätter ohne Netz, Ei oder Filtertüte hineingeben, und zwar pro Tasse einen Teelöffel voll, dazu einen für die Kanne, dann kochendes Wasser darüber gießen. Den Tee mindestens drei Minuten ziehen lassen, dann wirkt er anregend; nach fünf Minuten soll er eine beruhigende Wirkung entwickeln. Wird der Tee nicht gleich auf Tassen verteilt, muß er in eine andere Kanne abgegossen werden. Servieren Sie ihn mit Zucker und Sahne – und mit feinen Kuchen, dem berühm-

Typisch englisch sind die mit Reet gedeckten Häuser inmitten liebevoll gepflegter Gärten.

ten Fruit Cake oder einer Schokoladentorte, mit Scones, kleinen süßen Semmeln, die mit Clotted Cream und Konfitüre bestrichen werden, mit Keksen wie zum Beispiel Shortbread und für alle, die nichts Süßes mögen, pikanten Sandwiches mit Gurke, Schinken, Krabbenpaste oder Lachs.

»Dinner is served!«

Dieser Satz ist in England meistens am Abend zu hören, wenn die Familie nach der Arbeit oder der Schule wieder zu Hause versammelt ist. Dann wird in Ruhe die Hauptmahlzeit eingenommen, je nach Anlaß eher einfach oder anspruchsvoll.
Klassisches Feiertagsgericht ist Roastbeef mit Yorkshire Pudding. Ebenfalls sehr beliebt – und sehr gut – ist Lammkeule mit Minzsauce. Wenn es nicht so aufwendig sein soll, gibt es vielleicht Räucherfisch mit Reis oder Ragout mit Klößen.
Manchmal wird vor dem Hauptgang noch eine Suppe oder ein Salat gereicht, zum Beispiel eine Stilton- oder eine Lauchsuppe. Salate sind in England nicht so verbreitet wie auf dem Festland. Brunnenkresse, die an den Hecken und Rainen wild wächst, wird gerne für eine kleine erfrischende Vorspeise verwendet.
Einfach unwiderstehlich sind die englischen Nachspeisen. Eine ganz klassische ist die Stachelbeercreme, die in England »Fool«, Dummkopf, heißt. Ebenso berühmt wie beliebt sind Trifle, eine köstliche Biskuitspeise, und die Pies, gefüllt mit Beeren oder Obst der Saison. Eine Nachspeise hat es zu internationaler Bekanntheit gebracht: der Plum- oder Christmas Pudding, der traditionell an Weihnachten serviert wird. Dieses gehaltvolle Dessert fehlt am 25. Dezember in keinem Haus. Viele Familien haben ihr ganz persönliches Rezept dafür entwickelt. Ob der Weihnachtspudding vor dem Aufschneiden flambiert wird, ist Geschmackssache (aber sehr beliebt), keinesfalls darf aber die Brandy Butter fehlen, die das Ganze noch abrundet.

British Food: eine kleine Warenkunde

<u>Ale</u> – obergäriges helles Bier, das etwa 6 % Alkohol enthält.
<u>Bacon</u> – geräucherter Frühstücksspeck aus dem Kotelettstück, mehr oder weniger mild gepökelt.
<u>Brandy</u> – Fruchtlikör, gemischt mit Fruchtbranntwein; am bekanntesten sind Apricot Brandy und Cherry Brandy.
<u>Cheddar</u> – orangefarbener

fetter Hartkäse, der seinen Namen von seinem Entstehungsort, dem Städtchen Cheddar in Somerset, hat.
Chester – Hartkäse aus der Grafschaft Cheshire, wird meist gerieben verwendet.
Chutney – scharfe Fruchtsauce, ursprünglich aus Indien, die sehr gut zu Fleisch schmeckt.
Cider – Apfelwein
Crab Meat – Fleisch von Tiefseekrabben, das in Dosen im Handel ist.
Cumberland Sauce – süßpikante Sauce aus Rotwein, Johannisbeergelee, Apfelsinensaft und -schale, die besonders gut zu Wildgerichten paßt.
Custard – süße Eiercreme, die bevorzugt zu Fruchtpies gegessen wird.
Drambui – schottischer Whiskylikör aus Honig und Kräutern
Ginger Ale – leicht alkoholhaltiges, mit Ingwer gewürztes Erfrischungsgetränk.
Gloucesterkäse – Vollmilchkäse aus der Grafschaft Gloucestershire im Südwesten Englands.
Kipper – schwach gepökelter geräucherter Hering, der zum Frühstück gegessen wird.
Lemon Cheese – Brotaufstrich aus Zitronensaft, Butter, Eiern und Zucker. In Gläsern im Handel.

Zu Stilton, dem berühmtesten englischen Blauschimmelkäse, schmecken Portwein und Walnüsse.

Mint Sauce – Sauce aus Pfefferminze, Essig und Zucker, schmeckt gut zu Lammgerichten. Gibt es auch als Fertigprodukt.
Mustard Sauce – Würzsauce aus Senf und Gewürzen
Porter – schweres dunkles Bier mit relativ hohem Alkoholgehalt
Relishes – pikante Würzsaucen mit unterschiedlichen Geschmacksrichtungen
Sandwich Spread – Brotaufstrich auf Mayonnaisebasis mit Gemüsen, Gurken und Oliven
Smoked Haddock – leicht gesalzener geräucherter Schellfisch
Stilton – englischer Blauschimmelkäse, dem französischen Roquefort ähnlich.
Stout – Bier aus Reis- und Maismalz, enthält etwa 25 % Stammwürze.

BREAKFAST

Spiegeleier mit Speck und Grilltomate

Bacon and Eggs with Tomatoe

Zutaten für 4 Personen:
4 mittelgroße Tomaten
2 Eßl. neutrales Öl
Salz
schwarzer Pfeffer, frisch gemahlen
200 g Frühstücksspeck in dünnen Scheiben
4 Eier
Paprikapulver, edelsüß
Für das Backblech: Backpapier

Gelingt leicht

Pro Portion etwa:
1900 kJ/450 kcal
12 g Eiweiß · 43 g Fett
3 g Kohlenhydrate

- Zubereitungszeit: etwa 20 Minuten

1. Den Grill auf 250° vorheizen. Das Blech mit Backpapier belegen.

2. Die Tomaten waschen, trockentupfen und längs halbieren, dabei die Stielansätze entfernen. Die Schnittflächen mit Öl bestreichen und mit Salz und Pfeffer würzen. Die Tomaten mit den Schnittflächen nach oben auf das Blech setzen und etwa 7 Minuten grillen.

3. Inzwischen den Speck in einer großen trockenen Pfanne knusprig braten. Herausnehmen und warm stellen.

4. Die Eier in das Speckfett schlagen und bei schwacher Hitze so lange braten, bis das Eiweiß gestockt ist. Die Eier salzen, pfeffern und mit Paprikapulver bestäuben.

5. Die Eier mit dem Speck und den Tomaten anrichten. Dazu schmeckt Toastbrot.

Variante:
Anstelle des Frühstücksspecks können Sie auch kleine Schweinswürstchen braten.

Porridge

Zutaten für 4 Personen:
Salz
200 g Haferflocken
4 Eßl. Zucker
1 Teel. Zimtpulver

Schnell

Pro Portion etwa:
910 kJ/220 kcal
6 g Eiweiß · 4 g Fett
39 g Kohlenhydrate

- Zubereitungszeit: etwa 15 Minuten

1. In einem Topf 1/4 l Wasser mit 1 Prise Salz zum Kochen bringen. Die Haferflocken darin unter Rühren aufkochen lassen.

2. Den Topf vom Herd nehmen und die Haferflocken mindestens 10 Minuten quellen lassen.

3. Den Porridge in eine Schüssel oder in vier Portionsschälchen füllen. Den Zucker mit dem Zimt vermischen und über den Haferbrei streuen. Nach Belieben kalte flüssige Sahne dazu reichen.

Tip!

Typisch zum Frühstück sind auch geräucherte Fischfilets, zum Beispiel von Hering, Makrele, Forelle oder Lachs, die mit Pfeffer übermahlen und mit Dill garniert werden.

Im Bild vorne: Spiegeleier mit Speck und Grilltomate
Im Bild hinten: Porridge

Muffins

Zutaten für 20 Stück:
500 g Mehl
1 Würfel Hefe (42g)
1 Teel. Zucker
3/8 l lauwarme Milch
1 Prise Salz · 40 g Butter
Zum Bestreichen: 1 Eigelb und
1 Eßl. Milch
Für die Förmchen: Fett

Braucht etwas Zeit

Pro Stück etwa:
510 kJ/120 kcal
3 g Fett · 3 g Eiweiß
21 g Kohlenhydrate

- Zubereitungszeit: etwa 1 1/2 Stunden (davon 55 Minuten Ruhezeit und 20 Minuten Backzeit)

1. Das Mehl in eine Schüssel sieben. In die Mitte eine Mulde drücken. Die Hefe hineinbröckeln und mit dem Zucker, der Hälfte der Milch und etwas Mehl vom Rand verrühren. Zugedeckt an einem warmen Ort etwa 15 Minuten ruhen lassen.

2. Die restliche Milch, Salz und Butter einarbeiten. Den Teig mit den Knethaken des elektrischen Handrührgeräts bearbeiten, bis er sich vom Schüsselrand löst. Noch etwa 20 Minuten ruhen lassen.

3. Den Backofen auf 200° vorheizen. Muffinförmchen oder ein Backblech einfetten. Aus dem Teig mit bemehlten Händen etwa tischtennisgroße Kugeln formen, in die Förmchen oder auf das Backblech setzen und etwa 20 Minuten ruhen lassen.

4. Das Eigelb und die Milch verquirlen. Die Muffins damit bestreichen und im Ofen (unten, Umluft 180°) etwa 20 Minuten backen. Noch warm mit Butter und Marmelade servieren.

Orangenmarmelade

Orangemarmalade

Zutaten für 2 1/4 l:
1 kg unbehandelte Orangen
800 g Gelierzucker
1 Päck. Gelierhilfe

Gelingt leicht

Insgesamt etwa:
18000 kJ/4300 kcal
8 g Eiweiß · 2 g Fett
1100 g Kohlenhydrate

- Zubereitungszeit: etwa 30 Minuten

1. Die Orangen heiß waschen und abtrocknen. 2 Orangen ganz dünn abschälen. Die Schale quer in feine Streifen schneiden.

2. Die restlichen Orangen schälen. Von allen Früchten die weiße Haut abziehen.

3. Das Fruchtfleisch klein schneiden, dabei die Kerne entfernen. Die Orangen mit den Schalenstreifen in einen Topf füllen. Den Gelierzucker mit der Gelierhilfe mischen. Die Hälfte unter die Fruchtmasse rühren.

4. Die Orangen unter Rühren aufkochen. Die restliche Mischung unterrühren und noch etwa 6 Minuten weiterkochen lassen. Die Orangenmarmelade sofort in vorbereitete Gläser füllen und verschließen.

Backpflaumenkompott

Stewed Prunes

Zutaten für 4 Personen:
Saft von 1 Zitrone
1/4 l Orangensaft · 3 Eßl. Zucker
1/2 Zimtstange
250 g Backpflaumen, entsteint

Ganz einfach

Pro Portion etwa:
880 kJ/210 kcal
2 g Eiweiß · 1 g Fett
49 g Kohlenhydrate

- Zubereitungszeit: etwa 15 Minuten

1. Zitronen- und Orangensaft, Zucker, Zimtstange und Backpflaumen in einen Topf füllen.

2. Alles langsam aufkochen, dann etwa 10 Minuten köcheln lassen. Das Kompott in eine Schüssel füllen und abkühlen lassen.

Im Bild vorne: Backpflaumenkompott
Im Bild Mitte: Orangenmarmelade
Im Bild hinten: Muffins

Hähnchensalat

Chicken Salad

Zutaten für 4 Personen:
1 küchenfertiges Hähnchen (etwa 1,2 kg)
1 mittelgroße Zwiebel
1 Bund Suppengrün
Salz · 1 Teel. weiße Pfefferkörner
2 Eigelb · 200 ml neutrales Öl
schwarzer Pfeffer, frisch gemahlen
2 gestrichene Teel. Currypulver
1 Teel. Zitronensaft · 2 Eßl. Joghurt
1/2 Bund Estragon

Preiswert

Pro Portion etwa:
3300 kJ/790 kcal
48 g Eiweiß · 66 g Fett
3 g Kohlenhydrate

- Zubereitungszeit: etwa 1 1/2 Stunden

1. Das Hähnchen sorgfältig abspülen. Die Zwiebel schälen und vierteln. Das Suppengrün putzen und waschen. Alle diese Zutaten sowie Salz und Pfeffer in einen Topf geben, knapp mit Wasser bedecken, aufkochen lassen und bei mittlerer Hitze zugedeckt in etwa 1 Stunde garen.

2. Inzwischen für die Mayonnaise die Eigelbe verrühren. Das Öl tropfenweise darunterschlagen. So lange rühren, bis eine dicke cremige Sauce entstanden ist. Mit Salz, Pfeffer, Curry und Zitronensaft würzen, dann den Joghurt unterrühren.

3. Das Hähnchen aus dem Topf nehmen, abtropfen und etwas abkühlen lassen. Die Brühe anderweitig verwenden. Die Haut von dem Hähnchen abziehen. Das Fleisch von den Knochen lösen, kleinschneiden und mit der Mayonnaise in einer Schüssel mischen.

4. Den Estragon abbrausen. Die Blättchen von den Stielen zupfen und unter den Salat mischen. Den Salat noch einmal abschmecken.

Tip!

Schneller geht's, wenn Sie anstelle der selbstgemachten Mayonnaise ein Fertigprodukt verwenden.

Brunnenkressesalat

Watercress Salad

Zutaten für 4 Personen:
2 Bund Brunnenkresse
2 mittelgroße Chicorée
50 g Haselnußkerne
1 Knoblauchzehe
1 Teel. mittelscharfer Senf
2 Eßl. Sherryessig
3 Eßl. neutrales Öl
1 Prise Zucker
Salz
schwarzer Pfeffer, frisch gemahlen

Raffiniert

Pro Portion etwa:
650 kJ/150 kcal
3 g Eiweiß · 14 g Fett
5 g Kohlenhydrate

- Zubereitungszeit: etwa 25 Minuten

1. Die Brunnenkresse waschen und abtropfen lassen. Die Blättchen von den Stielen zupfen. Den Chicorée waschen, längs halbieren und in etwa 2 cm breite Streifen schneiden.

2. Die Haselnüsse grob hacken und in einer beschichteten trockenen Pfanne unter Rühren goldbraun rösten, dann abkühlen lassen.

3. Den Knoblauch schälen und durch die Presse in eine Schüssel drücken. Den Senf, den Essig, das Öl, Zucker, Salz und Pfeffer dazugeben. Alles zu einer cremigen Marinade verrühren.

4. Die Brunnenkresse, den Chicorée und die Haselnüsse in die Marinade geben und sorgfältig darin wenden.

Bild oben: Hähnchensalat
Bild unten: Brunnenkressesalat

Rote Beten mit Feldsalat

Lamb's Lettuce and Beetroot Salad

Zutaten für 4 Personen:
3 rote Beten (etwa 600 g)
150 g Feldsalat
Saft von 1 Zitrone
4 Eßl. Olivenöl · Salz
schwarzer Pfeffer, frisch gemahlen
1 mittelgroße Zwiebel
1 Avocado

Für Gäste

Pro Portion etwa:
1100 kJ/260 kcal
4 g Eiweiß · 21 g Fett
15 g Kohlenhydrate

- Zubereitungszeit: etwa 1 Stunde

1. Die roten Beten waschen, in einen Topf geben, knapp mit Wasser bedecken und in etwa 40 Minuten garen.

2. Inzwischen den Feldsalat putzen, sehr gründlich waschen und in einem Sieb abtropfen lassen.

3. Zitronensaft, Olivenöl, Salz und Pfeffer in einer Schüssel verrühren. Die Zwiebel schälen, fein hacken und dazugeben. Die roten Beten häuten, würfeln, in der Marinade wenden und etwa 10 Minuten ziehen lassen.

4. Die Avocado längs halbieren. Den Stein entfernen. Das Fruchtfleisch mit einem Löffel aus der Schale nehmen und in kleine Würfel schneiden. Die Avocado und den Feldsalat vorsichtig mit den roten Beten mischen. Den Salat sofort servieren.

Bohnensalat mit Geflügelleber

Green Bean Salad

Zutaten für 4 Personen:
500 g breite grüne Bohnen
Salz
4 Eßl. Walnußöl
1 Teel. mittelscharfer Senf
schwarzer Pfeffer, frisch gemahlen
3 Eßl. Weißweinessig
1 mittelgroße Zwiebel
1 Bund Petersilie
100 g durchwachsener Räucherspeck ohne Schwarte
250 g Geflügelleber
3 Scheiben Toastbrot
2 Eßl. Butter

Raffiniert

Pro Portion etwa:
2000 kJ/480 kcal
21 g Eiweiß · 35 g Fett
17 g Kohlenhydrate

- Zubereitungszeit: etwa 40 Minuten

1. Die Bohnen waschen und abtropfen lassen. Die Enden abschneiden und die Fäden abziehen. Die Bohnen zweimal quer durchschneiden.

2. Reichlich Salzwasser aufkochen lassen. Die Bohnen etwa 10 Minuten darin garen, dann in eiskaltem Wasser abschrecken und sehr gut abtropfen lassen.

3. Das Öl mit Senf, Salz, Pfeffer und Essig verrühren. Die Zwiebel schälen und fein hacken. Die Petersilie waschen, fein hacken und mit den Zwiebelwürfeln unter die Marinade mischen.

4. Den Speck in kleine Würfel schneiden und in einer beschichteten Pfanne bei milder Hitze anbraten. Die Geflügelleber grob zerschneiden, zum Speck geben und etwa 3 Minuten mitbraten.

5. Den Toast klein würfeln. In einer zweiten Pfanne die Butter erhitzen. Die Toastwürfel darin goldbraun braten.

6. Die Bohnen mit der warmen Geflügelleber und den Speckwürfeln in der Marinade wenden. Den Salat auf vier Tellern anrichten und mit den Brotwürfeln bestreuen.

Im Bild vorne:
Rote Beten mit Feldsalat
Im Bild hinten:
Bohnensalat mit Geflügelleber

Stiltonsuppe mit Petersilie

Stilton and Parsley Soup

Zutaten für 4 Personen:
350 g Zwiebeln
2 Eßl. Butter
2 Teel. Mehl
1 l Hühnerbrühe (selbstgemacht
oder Fertigprodukt)
250 g Stilton
150 g Sahne
Salz
schwarzer Pfeffer, frisch gemahlen
1 Prise Muskatnuß, frisch gerieben
1 Bund Petersilie

Gelingt leicht

Pro Portion etwa:
1900 kJ/450 kcal
3 g Eiweiß · 18 g Fett
10 g Kohlenhydrate

- Zubereitungszeit: etwa 45 Minuten

1. Die Zwiebeln schälen und fein hacken. Die Butter in einem Topf erhitzen und die Zwiebeln bei sehr schwacher Hitze etwa 10 Minuten braten. Das Mehl darüber stäuben, unterrühren und kurz mitbraten.

2. Die Hühnerbrühe angießen und aufkochen lassen. Den Stilton fein zerkleinern, in die Brühe geben und bei schwacher Hitze so lange verrühren, bis er sich ganz aufgelöst hat. Die Sahne dazugießen und aufkochen lassen. Die Suppe mit Salz, viel Pfeffer und dem Muskat würzen.

3. Die Petersilie waschen, fein hacken und in die Suppe einrühren.

Tip!

Diese feine Suppe können Sie auch mit einem anderen Blauschimmelkäse zubereiten.

Geflügelsuppe mit Curry

Mulligatawny Soup

Eine Erinnerung an die Kolonialzeit in Indien.

Zutaten für 4 Personen:
100 g durchwachsener Räucher-
speck ohne Schwarte
1 mittelgroße Möhre
1 Stück Knollensellerie (etwa 50 g)
1 Apfel (etwa 120 g)
2 Hühnerschenkel (je etwa 350 g)
1 Teel. Currypulver
1 Gewürznelke
1 Lorbeerblatt
3/4 l Hühnerbrühe (selbstgemacht
oder Fertigprodukt)
1 Eßl. Mehl · 150 ml Milch
Salz
schwarzer Pfeffer, frisch gemahlen

Für Gäste

Pro Portion etwa:
1700 kJ/400 kcal
40 g Eiweiß · 23 g Fett
8 g Kohlenhydrate

- Zubereitungszeit: etwa 50 Minuten

1. Den Speck in sehr kleine Würfel schneiden. Die Würfel in einem Topf bei milder Hitze ausbraten, aber nicht bräunen.

2. Inzwischen die Möhre und den Sellerie schälen. Den Apfel schälen, vierteln und vom Kerngehäuse befreien. Alles in sehr kleine Würfel schneiden.

3. Die Hühnerschenkel sorgfältig abspülen, trockentupfen, kurz im Speck anbraten, dann das Fett abgießen. Die Möhren-, Sellerie- und Apfelwürfel in den Topf geben, das Currypulver, die Gewürznelke und das Lorbeerblatt hinzufügen. Die Hühnerbrühe angießen, aufkochen und zugedeckt bei schwacher Hitze etwa 30 Minuten köcheln lassen.

4. Die Nelke und das Lorbeerblatt aus der Suppe entfernen. Die Hühnerschenkel häuten. Das Fleisch von den Knochen lösen, kleinschneiden und in die Suppe geben.

5. Das Mehl mit der Milch verrühren, zur Suppe geben, aufkochen und noch etwa 5 Minuten köcheln lassen. Die Suppe mit Salz, Pfeffer und Currypulver abschmekken.

Im Bild vorne:
Geflügelsuppe mit Curry
Im Bild hinten:
Stiltonsuppe mit Petersilie

Linsensuppe

Lentil Soup

Zutaten für 4 Personen:
1 Möhre (etwa 100 g)
1 Stange Staudensellerie
1 kleine Zwiebel
2 Eßl. Butter
4 Knoblauchzehen
250 g rote Linsen
2 Teel. Currypulver
1 Messerspitze gemahlener Kardamom
1 1/4 l Fleischbrühe (selbstgemacht oder Fertigprodukt)
150 g Crème double
Salz
schwarzer Pfeffer, frisch gemahlen
1 Bund frischer Koriander (ersatzweise glatte Petersilie)

Gelingt leicht

Pro Portion etwa:
990 kJ/240 kcal
2 g Eiweiß · 23 g Fett
5 g Kohlenhydrate

- Zubereitungszeit: etwa 50 Minuten

1. Die Möhre und den Sellerie putzen, waschen und kleinschneiden. Die Zwiebel schälen und fein hacken.

2. Die Butter in einem großen Topf erhitzen. Die Zwiebel darin andünsten. Den Knoblauch schälen und durch die Presse dazudrücken. Die Möhre und den Sellerie hinzufügen und anbraten.

3. Die Linsen in den Topf geben und mit dem Currypulver und dem Kardamom würzen. Die Fleischbrühe angießen und aufkochen lassen. Die Suppe im geschlossenen Topf bei schwacher Hitze etwa 30 Minuten garen.

4. Die Suppe pürieren. Die Crème double unterrühren. Die Suppe mit Salz und Pfeffer abschmecken. Den Koriander abbrausen, fein hacken und über die Suppe streuen.

Ochsenschwanzsuppe

Oxtail Soup

Diese klassische Suppe gibt es in unzähligen Varianten.

Zutaten für 4 Personen:
2 mittelgroße Zwiebeln
2 Möhren (etwa 150 g)
1 Stück Knollensellerie (etwa 100 g)
1 kg Ochsenschwanz
50 g Mehl
4 Eßl. neutrales Öl
Salz
schwarzer Pfeffer, frisch gemahlen
1 Kräutersträußchen (1 Zweig Thymian, 1 Lorbeerblatt, Petersilie)
1 l Fleischbrühe (selbstgemacht oder Fertigprodukt)
2 Eßl. Tomatenmark
1 Eßl. Johannisbeergelee
1 Teel. Zitronensaft
100 ml trockener Sherry

Braucht etwas Zeit

Pro Portion etwa:
2100 kJ/500 kcal
34 g Eiweiß · 31 g Fett
20 g Kohlenhydrate

- Zubereitungszeit: etwa 3 Stunden (davon 2 1/2 Stunden Garzeit)

1. Die Zwiebeln, die Möhren und den Sellerie schälen und klein würfeln.

2. Den Ochsenschwanz mit der Hälfte des Mehls bestäuben. 2 Eßlöffel Öl in einem großen Topf erhitzen. Den Ochsenschwanz etwa 5 Minuten darin kräftig anbraten.

3. Das Gemüse dazugeben und kurz mitbraten. Mit Salz und Pfeffer würzen. Das Kräutersträußchen hinzufügen. Die Brühe angießen und aufkochen lassen. Alles zugedeckt etwa 2 1/2 Stunden köcheln lassen, bis das Fleisch weich ist.

4. Das Fleisch von den Knochen lösen. Die Brühe durch ein Sieb gießen.

5. In dem Topf das übrige Öl erhitzen. Das restliche Mehl hinzufügen und bräunen. Tomatenmark und Johannisbeergelee einrühren. Die Brühe dazugießen und aufkochen lassen. Das Fleisch in die Suppe geben und etwa 5 Minuten darin erwärmen. Die Suppe mit Salz, Pfeffer, Zitronensaft und dem Sherry abschmecken.

Im Bild vorne: Ochsenschwanzsuppe
Im Bild hinten: Linsensuppe

Irish Stew

Zutaten für 4–6 Personen:
800 g Lammnacken ohne Knochen
400 g mittelgroße Zwiebeln
250 g Möhren
3 Eßl. neutrales Öl
Salz
schwarzer Pfeffer, frisch gemahlen
600 ml Fleischbrühe (selbstgemacht oder Fertigprodukt)
800 g mehligkochende Kartoffeln
1 Bund glatte Petersilie

Berühmtes Rezept

Bei 6 Personen pro Portion etwa: 1300 kJ/310 kcal
31 g Eiweiß · 9 g Fett
27 g Kohlenhydrate

- Zubereitungszeit: etwa 1 1/2 Stunden

1. Das Fleisch in mundgerechte Würfel schneiden. Die Zwiebeln schälen und achteln. Die Möhren schälen und in dicke Scheiben schneiden.

2. Das Öl in einem breiten Topf erhitzen. Das Fleisch darin portionsweise kräftig anbraten, dann herausnehmen. Im verbliebenen Fett die Zwiebeln und die Möhren anbraten. Das Fleisch zurück in den Topf geben, salzen und pfeffern. Die Brühe angießen. Alles zugedeckt etwa 30 Minuten köcheln lassen.

3. Inzwischen die Kartoffeln schälen, waschen und würfeln. Zu dem Fleisch geben, aufkochen lassen und noch etwa 30 Minuten garen.

4. Die Petersilie waschen und fein hacken. Das Irish Stew abschmecken und die Petersilie darüber streuen.

Variante:
Sie können auch einen kleinen, in schmale Streifen geschnittenen Weißkohl oder Wirsing mitgaren.

Lauchsuppe mit Huhn

Cock-a-Leekie

Zutaten für 4 Personen:
750 g Suppenknochen
1 Bund Suppengrün
3 mittelgroße Zwiebeln
1 Lorbeerblatt
2 Gewürznelken
1 Teel. schwarze Pfefferkörner
Salz
1 küchenfertiges Hähnchen (etwa 1,2 kg)
600 g Lauch · 2 Eßl. Butter
weißer Pfeffer, frisch gemahlen
1 Teel. Weißweinessig
1 kleines Bund glatte Petersilie

Braucht etwas Zeit

Pro Portion etwa:
1700 kJ/400 kcal
48 g Eiweiß · 19 g Fett
11 g Kohlenhydrate

- Zubereitungszeit: etwa 2 1/4 Stunden

1. Die Knochen kalt abspülen und mit 1 1/2 l Wasser in einen Topf geben. Das Suppengrün putzen, waschen, grob zerschneiden und dazugeben. Die Zwiebeln schälen, 1 Zwiebel mit dem Lorbeer, den Gewürznelken, Pfefferkörnern und Salz in den Topf geben. Alles langsam aufkochen lassen. Den Schaum abschöpfen. Die Brühe etwa 30 Minuten kochen lassen.

2. Das Hähnchen kalt abspülen, in die Brühe geben und etwa 1 Stunde garen.

3. Inzwischen den Lauch putzen, längs aufschlitzen, gründlich waschen und in schmale Ringe schneiden. Die restlichen Zwiebeln fein hacken. Das Hähnchen aus der Brühe nehmen und häuten. Das Fleisch von den Knochen lösen und kleinschneiden.

4. Die Butter in einem großen Topf erhitzen und die Zwiebeln darin weich braten. Den Lauch dazugeben und etwa 5 Minuten mitgaren. Das Fleisch untermischen. Die Brühe durch ein Sieb dazugießen. Die Suppe mit Salz, Pfeffer und dem Essig abschmecken. Noch etwa 5 Minuten köcheln lassen.

5. Die Petersilie waschen, fein hacken und über die Suppe streuen.

Im Bild vorne: Lauchsuppe mit Huhn
Im Bild hinten: Irish Stew

Rindfleisch-Kartoffel-Auflauf

Shepherd's Pie

Zutaten für 4 Personen:
750 g mehligkochende Kartoffeln
750 g Rindfleisch aus der Schulter
2 mittelgroße Zwiebeln
2 Eßl. neutrales Öl
1 Eßl. Mehl
1/2 Teel. getrockneter Thymian
1/2 Teel. getrockneter Rosmarin
Salz
schwarzer Pfeffer, frisch gemahlen
Worcestershiresauce
1 Eßl. Tomatenmark
4 Eßl. Rotwein
1/4 l Fleischbrühe (selbstgemacht oder Fertigprodukt)
90 g Butter
1/8 l Milch
Für die Form: Fett

Gelingt leicht

Pro Portion etwa:
2500 kJ/600 kcal
45 g Eiweiß · 30 g Fett
34 g Kohlenhydrate

- Zubereitungszeit: etwa 1 1/2 Stunden

1. Die Kartoffeln waschen und in etwa 30 Minuten weich garen.

2. Inzwischen das Fleisch in Streifen schneiden. Die Zwiebeln schälen und fein hacken. Das Öl in einer Pfanne erhitzen und das Fleisch portionsweise darin anbraten.

3. Alles Fleisch mit den Zwiebeln in die Pfanne geben, das Mehl darüber stäuben und untermischen. Mit Thymian, Rosmarin, Salz, Pfeffer und Worcestershiresauce kräftig würzen. Das Tomatenmark untermischen. Den Rotwein und die Fleischbrühe angießen. Das Fleisch zugedeckt etwa 30 Minuten schmoren lassen.

4. Den Backofen auf 180° vorheizen. Die Kartoffeln abgießen, pellen und durch die Kartoffelpresse drücken. 4 Eßlöffel Butter und die Milch unterrühren. Das Püree mit Salz und Pfeffer würzen.

5. Eine Auflaufform einfetten. Das Ragout hineinfüllen und mit dem Püree bedecken. Die restliche Butter in Flöckchen darauf verteilen. Den Auflauf im Ofen (Mitte, Umluft 160°) in etwa 30 Minuten backen.

Bratwürste in Teig

Toad in the Hole

Zutaten für 4 Personen:
250 g Mehl
1 Prise Salz
3 Eier
300 ml Milch
2 Eßl. neutrales Öl
600 g rohe oder gebrühte Schweinsbratwürste

Preiswert

Pro Portion etwa:
3400 kJ/810 kcal
27 g Eiweiß · 55 g Fett
53 g Kohlenhydrate

- Zubereitungszeit: etwa 1 1/4 Stunden (davon 25 Minuten Ruhezeit)

1. Das Mehl in eine Schüssel sieben. Das Salz und die Eier hinzufügen. Die Milch mit 300 ml Wasser mischen und langsam unterarbeiten, bis ein flüssiger Teig entstanden ist. Den Teig zugedeckt bei Zimmertemperatur etwa 25 Minuten ruhen lassen.

2. Den Backofen auf 220° vorheizen. In einer Pfanne das Öl erhitzen und die Bratwürste darin rundherum braun anbraten.

3. Eine Auflaufform mit dem Fett aus der Pfanne einpinseln und ein Drittel des Teigs hineingießen. Den Teig im Ofen (Mitte, Umluft 200°) knapp 10 Minuten backen.

4. Die Form aus dem Ofen nehmen. Die Bratwürste auf dem festen Teig verteilen und mit dem restlichen flüssigen Teig begießen. Das Gericht in etwa 25 Minuten fertigbacken.

Im Bild vorne: Bratwürste in Teig
Im Bild hinten: Rindfleisch-Kartoffel-Auflauf

Kartoffel-Lauch-Pie

Leek-Potatoe-Pie

Zutaten für eine Pieform von
26 cm Ø:
600 g Rindfleisch aus der Schulter
2 Eßl. neutrales Öl
Salz
schwarzer Pfeffer, frisch gemahlen
1 Eßl. Mehl
350 ml Fleischbrühe (selbstgemacht oder Fertigprodukt)
300 g tiefgekühlter Blätterteig
500 g Lauch
400 g mehligkochende Kartoffeln
Zum Bestreichen: 1 Eigelb

Gelingt leicht

Bei 4 Personen pro Portion etwa: 2500 kJ/600 kcal
40 g Eiweiß · 29 g Fett
45 g Kohlenhydrate

- Zubereitungszeit: etwa 1 1/2 Stunden

1. Das Fleisch in kleine Würfel schneiden. Das Öl in einem Bräter erhitzen und die Fleischwürfel darin kräftig anbraten. Mit Salz und Pfeffer würzen. Das Mehl darüber stäuben und unterrühren. Die Brühe angießen. Das Fleisch zugedeckt bei schwacher Hitze etwa 30 Minuten garen.

2. Die Teigplatten nebeneinander legen und bei Zimmertemperatur in etwa 10 Minuten auftauen lassen. Dann die Teigplatten aufeinanderlegen und zu einem Deckel, der etwas größer als die Form ist, ausrollen.

3. Den Lauch putzen, längs aufschlitzen, gründlich waschen und in schmale Ringe schneiden. Die Kartoffeln schälen, waschen und in kleine Würfel schneiden. Beides zum Fleisch geben und etwa 10 Minuten mitgaren. Mit Salz und Pfeffer abschmecken und etwa 20 Minuten abkühlen lassen.

4. Den Backofen auf 220° vorheizen. Die Fleisch-Gemüse-Mischung in die Form füllen, den Teigdeckel locker darüber legen und am Rand andrücken. In die Mitte des Deckels ein Loch schneiden. Die Pie mit dem Eigelb bestreichen und im Ofen (Mitte, Umluft 200°) in etwa 15 Minuten goldgelb backen.

Tip!

Stechen Sie aus den Teigresten Ornamente aus und verzieren Sie die Pie damit, bevor Sie sie mit dem Eigelb bestreichen.

Schottische Eier

Scottish Eggs

Die Eier schmecken auch kalt sehr gut, weshalb sie gern zum Picknick mitgenommen werden.

Zutaten für 8 Stück:
10 Eier
700 g Schweinehackfleisch
Salz
schwarzer Pfeffer, frisch gemahlen
1 Prise Muskatnuß, frisch gerieben
100 g Semmelbrösel
Zum Fritieren: Öl

Preiswert

Pro Stück etwa:
1300 kJ/310 kcal
29 g Eiweiß · 18 g Fett
9 g Kohlenhydrate

- Zubereitungszeit: etwa 1 Stunde

1. 8 Eier anstechen, in kochendes Wasser geben und in etwa 10 Minuten hart kochen. Inzwischen das Hackfleisch in eine Schüssel geben, mit Salz, Pfeffer und Muskat kräftig würzen und gut mischen.

2. Die Eier kalt abschrecken und schälen. Die rohen Eier mit 1 Teelöffel Wasser in einer kleinen Schüssel verquirlen. Die hartgekochten Eier darin wenden.

3. Die Semmelbrösel in einen Suppenteller geben. Jedes gekochte Ei etwa 1/2 cm dick mit der Hackfleischmasse umhüllen, dann zuerst nochmals in den verquirlten Eiern, anschließend in den Semmelbröseln wenden. Die Panade gut andrücken.

4. Reichlich Öl in einem großen Topf oder einer Friteuse erhitzen. Die Eier darin mindestens 15 Minuten bei mittlerer Hitze goldbraun fritieren. Mit einem Schaumlöffel herausnehmen und auf Küchenpapier abtropfen lassen. Mit Senf servieren.

Gefüllte Teigtaschen

Cornish Pasties

Zutaten für 4 Personen:
Für den Teig:
250 g Mehl
1 Ei
150 g Butter
Salz
Für die Füllung:
1 mittelgroße Zwiebel
300 g Rinderhackfleisch
150 g mehligkochende Kartoffeln
1 Bund Petersilie
Salz
schwarzer Pfeffer, frisch gemahlen
1 Teel. getrockneter Thymian
Für das Backblech: Fett oder Backpapier
Für die Arbeitsfläche: Mehl
Zum Bestreichen: 1 Ei

Berühmtes Rezept

Pro Portion etwa:
3100 kJ/740 kcal
26 g Eiweiß · 45 g Fett
58 g Kohlenhydrate

- Zubereitungszeit: etwa 1 1/2 Stunden

1. Für den Teig das Mehl auf die Arbeitsfläche sieben. In die Mitte eine Mulde drücken und das Ei hineingeben. Die Butter kleinschneiden und auf dem Mehl verteilen. Eine Prise Salz dazugeben. Alles zu einem glatten Teig verkneten. Den Teig zu einer Rolle formen, in vier Portionen teilen und zugedeckt im Kühlschrank ruhen lassen, bis die Füllung vorbereitet ist.

2. Für die Füllung die Zwiebel schälen, fein hacken und mit dem Hackfleisch in eine Schüssel geben. Die Kartoffeln schälen, waschen, längs halbieren und auf dem Gurkenhobel direkt in die Schüssel hobeln. Die Petersilie waschen, fein hacken und dazugeben. Die Füllung mit Salz, Pfeffer und Thymian kräftig würzen und gründlich mischen. Den Backofen auf 200° vorheizen.

3. Auf der leicht bemehlten Arbeitsfläche jede Teigportion zu einem Kreis von etwa 18 cm Durchmesser ausrollen. Jeweils auf eine Kreishälfte ein Viertel der Füllung verteilen, dabei einen fingerbreiten Rand frei lassen.

4. Das Ei trennen. Mit dem Eiweiß die Teigränder bestreichen. Den Teig über der Füllung so zusammenklappen, daß ein Halbkreis entsteht. Mit einer Gabel die Ränder fest zusammendrücken.

5. Ein Backblech fetten oder mit Backpapier auslegen. Die Teigtaschen darauf setzen und mit dem Eigelb bestreichen. Im Ofen (Mitte, Umluft 180°) etwa 15 Minuten backen. Die Hitze auf 180° (Umluft 160°) reduzieren und die Teigtaschen in etwa 35 Minuten fertigbacken.

Variante:
Sie können die Pasties auch so füllen: 1 mittelgroße Zwiebel fein hacken und in 2 Eßlöffeln Butter glasig braten. 250 g Champignons waschen, putzen, kleinhacken, zu der Zwiebel geben, etwa 3 Minuten mitbraten, dann die Pfanne vom Herd nehmen. 300 g Thunfisch aus der Dose mit einer Gabel zerpflücken und mit 2 Eiern und 3 Eßlöffeln Semmelbrösel zu den Pilzen geben. Die Füllung mit Salz, Pfeffer und Worcestershiresauce kräftig würzen. Die Teigtaschen wie beschrieben fertigstellen.

Cornish Pasties gibt es – warm oder kalt – in vielen Bäckereien zu kaufen. Am besten schmecken aber die selbstgemachten.

Forelle in Cider

Troute in Cider

Zutaten für 4 Personen:
4 küchenfertige Forellen (je etwa 300 g)
Saft von 1 Zitrone
Salz
weißer Pfeffer, frisch gemahlen
Paprikapulver, edelsüß
1 mittelgroße Zwiebel
1/4 l Cider (Apfelwein)
1 kleines Bund Petersilie
100 g Butter
1 Teel. Mehl
Für die Form: Fett

Raffiniert

Pro Portion etwa:
2100 kJ/500 kcal
50 g Eiweiß · 29 g Fett
4 g Kohlenhydrate

- Zubereitungszeit: etwa 1 Stunde

1. Den Backofen auf 220° vorheizen.

2. Die Forellen kalt abspülen und trockentupfen. Die Fische mit dem Zitronensaft beträufeln, salzen, pfeffern und mit Paprikapulver bestäuben.

3. Eine große breite Auflaufform ausfetten. Die Zwiebel schälen, fein hacken und auf dem Boden der Form verteilen. Die Forellen darauf legen, mit dem Cider begießen und zugedeckt im Ofen (Mitte, Umluft 200°) etwa 30 Minuten garen.

4. Die Petersilie waschen und fein hacken.

5. Die Forellen aus der Form nehmen und warm stellen. Die Butter in einem kleinen Topf schmelzen. Das Mehl dazugeben und unter Rühren etwas anbräunen. Mit dem Fischsud ablöschen und aufkochen lassen. Die Sauce mit Salz und Paprika abschmecken.

6. Die Forellen mit der Sauce auf vier vorgewärmten Tellern anrichten und mit der Petersilie bestreuen. Dazu passen Salzkartoffeln.

Räucherfisch mit Reis

Kedgeree

Zutaten für 4 Personen:
250 g Langkornreis
Salz
4 Eier
600 g geräucherter Heilbutt
1/2 l Milch
2 Eßl. Butter
2 Eßl. Currypulver
1 Prise Cayennepfeffer
1 Bund Petersilie

Gelingt leicht

Pro Portion etwa:
2200 kJ/520 kcal
46 g Eiweiß · 15 g Fett
53 g Kohlenhydrate

- Zubereitungszeit: etwa 40 Minuten

1. Den Reis nach Packungsanweisung in Salzwasser garen.

2. Inzwischen die Eier in etwa 10 Minuten hart kochen, dann abschrecken, schälen, abkühlen lassen und fein hacken.

2. Den Heilbutt mit der Milch in einen Topf geben und zugedeckt langsam erhitzen, bis sich die Haut von dem Fisch löst. Das dauert etwa 5 Minuten. Den Fisch aus der Milch nehmen und in kleine Stücke teilen, dabei Haut und Gräten entfernen.

3. Den Reis in ein Sieb schütten und abtropfen lassen. Die Butter in einer großen Pfanne schmelzen. Das Currypulver und den Cayennepfeffer einrühren. Den Reis dazugeben und so lange rühren, bis alle Körnchen gelb sind.

4. Die Petersilie waschen und fein hacken. Zusammen mit dem Fisch und der Hälfte der Eierwürfel unter den Reis heben. Das Kedgeree abschmecken und noch einmal erhitzen. Auf einer Platte anrichten und mit den restlichen Eierwürfeln bestreuen.

Im Bild vorne: Räucherfisch mit Reis
Im Bild hinten: Forelle in Cider

Kabeljau in Buttersauce

Cod in Butter Sauce

Zutaten für 4 Personen:
4 Kabeljausteaks (je etwa 200 g)
2 Eßl. Zitronensaft
Salz
weißer Pfeffer, frisch gemahlen
2 mittelgroße Zwiebeln
50 g Butter
1 Bund Petersilie
3 Eßl. eiskalte Butter
Für die Form: Butter

Gelingt leicht

Pro Portion etwa:
1400 kJ/330 kcal
34 g Eiweiß · 19 g Fett
4 g Kohlenhydrate

- Zubereitungszeit: etwa 45 Minuten

1. Eine feuerfeste Form mit Butter ausstreichen. Den Fisch kalt abspülen, trockentupfen, in die Form legen, mit 1 Eßlöffel Zitronensaft beträufeln, salzen, pfeffern und bis zum Weiterverarbeiten zugedeckt kühl stellen.

2. Den Backofen auf 180° vorheizen. Die Zwiebeln schälen, fein hacken und in 1 Eßlöffel Butter weich braten, ohne sie zu bräunen. Die Zwiebeln auf dem Fisch verteilen. Die restliche Butter in Flöckchen darauf setzen.

3. Die Form mit einem Deckel oder mit Alufolie verschließen. Den Fisch 20–25 Minuten im Ofen (Mitte, Umluft 160°) garen. Die Petersilie waschen und fein hacken.

4. Den Fisch aus der Form nehmen und warm stellen. Den Sud in einen kleinen Topf gießen. Die eiskalte Butter in kleinen Flöckchen bei schwacher Hitze kräftig mit dem Schneebesen einrühren, bis die Sauce cremig ist.

5. Die Sauce mit Salz, Pfeffer und dem restlichen Zitronensaft abschmecken. Die Petersilie untermischen. Den Fisch auf vier vorgewärmten Tellern anrichten und mit der Sauce übergießen. Dazu schmecken gedünstete Möhren und Kartoffelpüree.

Lachs mit Gurke

Salmon with Cucumber

Zutaten für 4 Personen:
4 Lachssteaks (je etwa 200 g)
1 Eßl. Zitronensaft
Salz
weißer Pfeffer, frisch gemahlen
1 Salatgurke · 1 Eßl. Butter
1/8 l trockener Weißwein (ersatzweise Wasser)
150 g Crème fraîche
1 Bund Petersilie
Für die Form: Butter

Für Gäste

Pro Portion etwa:
2600 kJ/620 kcal
40 g Eiweiß · 46 g Fett
5 g Kohlenhydrate

- Zubereitungszeit: etwa 50 Minuten

1. Die Lachssteaks kalt abspülen, trockentupfen, auf beiden Seiten mit Zitronensaft beträufeln, salzen, pfeffern und bis zum Weiterverarbeiten zugedeckt kühl stellen.

2. Die Gurke schälen, längs halbieren und die Kerne mit einem Löffel herausschaben. Die Gurkenhälften in etwa 1/2 cm dicke Stückchen schneiden. Den Backofen auf 180° vorheizen.

3. Die Butter in einer Pfanne erhitzen. Die Gurkenstückchen darin etwa 1 Minute anbraten. Den Weißwein angießen und aufkochen lassen. Die Crème fraîche unterrühren und etwa 2 Minuten köcheln lassen. Die Gurke mit Salz und Pfeffer würzen.

4. Die Petersilie waschen, fein hacken und unter das Gurkengemüse mischen.

5. Eine feuerfeste Form mit Butter ausstreichen. Die Lachssteaks hineinlegen und das Gurkengemüse mit der Sauce darauf verteilen. Die Form mit einem Deckel oder mit Alufolie verschließen. Im Ofen (Mitte, Umluft 160°) in etwa 20 Minuten garen. Dazu passen kleine neue Kartoffeln.

Im Bild vorne:
Lachs mit Gurke
Im Bild hinten:
Kabeljau in Buttersauce

Makrelen mit Stachelbeersauce

Mackerels with Gooseberry Sauce

Mit frischen Stachelbeeren schmeckt das Gericht besonders gut. Wenn Sie aber Stachelbeeren aus dem Glas verwenden, nehmen Sie statt Wasser Saft für die Sauce und verzichten auf den Zucker.

Zutaten für 4 Personen:
4 kleine oder 2 große küchenfertige Makrelen
2 Eßl. Zitronensaft · Salz
schwarzer Pfeffer, frisch gemahlen
Für die Füllung:
1 kleines Bund Petersilie
4 gehäufte Eßl. Semmelbrösel
2 Eigelb
abgeriebene Schale von 1 unbehandelten Zitrone
1 Prise Muskatnuß, frisch gerieben
Salz
schwarzer Pfeffer, frisch gemahlen
Für die Sauce:
1 kleine Fenchelknolle · 1 Eßl. Butter
100 g frische Stachelbeeren (ersatzweise 1 Glas Stachelbeeren, Einwaage 430 g) · 2 Eßl. Zucker
Für die Alufolie: 1 Eßl. Butter

Für Gäste

Pro Portion etwa:
1700 kJ/400 kcal
28 g Eiweiß · 24 g Fett
16 g Kohlenhydrate

• Zubereitungszeit: etwa 1 Stunde

1. Die Makrelen innen und außen kalt abspülen und trockentupfen. Mit Zitronensaft beträufeln, salzen, pfeffern und zugedeckt kühl stellen. Für die Füllung die Petersilie waschen, fein hacken und mit den Semmelbröseln, den Eigelben, der Zitronenschale, Muskat, Salz und Pfeffer mischen.

2. Den Backofen auf 200° vorheizen. Die Füllung in die Makrelen geben. 1 Eßlöffel Butter erhitzen. Die Makrelen jeweils auf ein großes Stück Alufolie legen und mit der heißen Butter begießen. Die Folie verschließen. Im Ofen (Mitte, Umluft 180°) etwa 15 Minuten garen.

3. Inzwischen den Fenchel putzen, waschen und samt dem Grün kleinhacken. Die Butter in einer Pfanne erhitzen und den Fenchel darin anbraten. Die Folie öffnen und die Makrelen in weiteren 10 Minuten fertig garen.

4. Die Stachelbeeren putzen, waschen und mit dem Zucker und 150 ml Wasser zu dem Fenchel geben. Etwa 10 Minuten bei schwacher Hitze köcheln lassen. Die Sauce mit Salz und Pfeffer abschmecken und getrennt zum Fisch reichen. Dazu schmecken Salzkartoffeln.

Fish and Chips

Wird am liebsten an typischen Ständen aus der Hand gegessen, läßt sich aber auch zu Hause ganz einfach zubereiten.

Zutaten für 4 Personen:
100 g Mehl
Salz
3 Eßl. neutrales Öl
150 ml helles Bier
1 Eiweiß
750 g Schellfisch- oder Heilbuttfilet
1 Eßl. Zitronensaft
weißer Pfeffer, frisch gemahlen
800 g mehligkochende Kartoffeln
Zum Mehlieren: 2 Eßl. Mehl
Zum Fritieren: 1–1,5 l Öl

Berühmtes Gericht

Pro Portion etwa:
2700 kJ/640 kcal
38 g Eiweiß · 32 g Fett
53 g Kohlenhydrate

- Zubereitungszeit: etwa 50 Minuten

1. Das Mehl in eine Schüssel sieben. 1 Prise Salz untermischen. Eine Mulde in die Mitte drücken, das Öl und das Bier hineingießen und alles zu einem glatten Teig verrühren. Das Eiweiß steif schlagen und unterheben.

2. Den Fisch abspülen, trockentupfen, in 4 Stücke schneiden, mit Zitronensaft beträufeln, salzen und pfeffern. Das Öl in einem weiten Topf erhitzen. Inzwischen die Kartoffeln schälen, in Stäbchen schneiden und mit Küchenpapier trockentupfen.

3. Die Chips im heißen Öl goldgelb fritieren. Aus dem Topf heben, abtropfen lassen, salzen und warm stellen. Die Fischstücke in Mehl wenden, überschüssiges Mehl abklopfen. Die Stücke mit einer Gabel in den Teig tauchen, herausnehmen und abtropfen lassen.

4. Die Fischstücke im heißen Öl 3–4 Minuten goldbraun fritieren. Herausnehmen und auf Küchenpapier abtropfen lassen. Mit den Chips servieren.

Roast Beef and Yorkshire Pudding

Zutaten für 4–6 Personen:
Für das Roast Beef:
1 kg Rinderlende (vom Fleischer die Fettschicht kreuzweise einschneiden lassen)
Salz
schwarzer Pfeffer, frisch gemahlen
3 Eßl. neutrales Öl
Für den Yorkshire Pudding:
2 Eier · 1 Prise Salz
125 g Mehl · 300 ml Milch
Für den Bratrost: Öl
Für die Förmchen: 2 Eßl. Schweineschmalz

Für Gäste

Pro Portion etwa:
1500 kJ/360 kcal
40 g Eiweiß · 22 g Fett
3 g Kohlenhydrate

- Zubereitungszeit: etwa 1 1/2 Stunden

1. Den Backofen auf 250° vorheizen. Den Bratrost mit Öl bestreichen.

2. Die Lende mit Salz und Pfeffer einreiben und mit dem Öl bestreichen. Auf den Bratrost legen und im Ofen (Mitte, Umluft 230°) etwa 15 Minuten braten. Die Hitze auf 180° (Umluft 160°) reduzieren und das Fleisch weitere 20–25 Minuten braten.

3. Inzwischen für den Yorkshire Pudding die Eier, Salz, Mehl und Milch zu einem glatten Teig verrühren. Sechs Portionsförmchen mit Schweineschmalz einfetten. Den Teig in die Förmchen füllen.

4. Das Fleisch aus dem Ofen nehmen, in Alufolie wickeln und 15–20 Minuten ruhen lassen.

5. Den Yorkshire Pudding im Backofen bei 180° (oben, Umluft 160°) in 15–20 Minuten goldbraun backen.

6. Das Roastbeef in Scheiben schneiden, auf einer Platte anrichten und mit dem Yorkshire Pudding servieren. Dazu schmeckt Meerrettichsauce.

Entenbrust mit Apfelsauce

Duckbreast with Apple Sauce

Zutaten für 4 Personen:
4 kleine Entenbrustfilets (je etwa 200 g)
Salz
schwarzer Pfeffer, frisch gemahlen
2 Eßl. neutrales Öl
400 g Äpfel (zum Beispiel Cox Orange)
1 Eßl. Butter
2 Eßl. Weißweinessig
1 Prise Muskatnuß, frisch gerieben
1 Prise Zimtpulver
1 Eßl. brauner Zucker

Für Gäste

Pro Portion etwa:
2400 kJ/570 kcal
36 g Eiweiß · 42 g Fett
12 g Kohlenhydrate

- Zubereitungszeit: etwa 45 Minuten

1. Die Entenbrustfilets waschen und trockentupfen. Die Haut kreuzweise einschneiden. Die Filets mit Salz und Pfeffer einreiben. Das Öl in einer Pfanne erhitzen. Die Entenbrüste auf der Fleischseite etwa 10 Minuten bei mittlerer Hitze zugedeckt braten.

2. Inzwischen die Äpfel schälen, vierteln, von den Kerngehäusen befreien und in Scheiben schneiden.

3. Die Entenbrüste wenden und auf der Hautseite je nach Dicke in 15–20 Minuten fertigbraten.

4. Währenddessen die Butter in einem Topf erhitzen. Die Äpfel kurz darin anbraten. Den Essig, 2 Eßlöffel Wasser, Muskat, Zimt, Salz, Pfeffer und den Zucker dazugeben. Die Äpfel in etwa 15 Minuten weich dünsten, dann zu einem dicken Püree verrühren und abschmecken.

5. Die Entenbrustfilets quer zur Faser in Scheiben schneiden und mit der Apfelsauce anrichten.

Im Bild vorne:
Entenbrust mit Apfelsauce
Im Bild hinten:
Roast Beef and Yorkshire Pudding

Lammkeule mit Minzsauce

Roast Leg of Lamb with Mint Sauce

Zutaten für 6 Personen:
3 Knoblauchzehen
500 g Schalotten
1 Lammkeule (etwa 1,5 kg)
Salz
schwarzer Pfeffer, frisch gemahlen
2 Eßl. neutrales Öl
3/8 l trockener Weißwein (ersatzweise Fleischbrühe)
Für die Sauce:
1 Bund frische Minze
2 Eßl. brauner Zucker
3 Eßl. Weißweinessig

Für Gäste

Pro Portion etwa:
2900 kJ/690 kcal
45 g Eiweiß · 48 g Fett
6 g Kohlenhydrate

- Zubereitungszeit: etwa 1 1/2 Stunden

Speartiant Vignetten

1. Den Backofen auf 250° vorheizen.

2. Den Knoblauch und die Schalotten schälen, den Knoblauch durch die Presse drücken. Die Lammkeule mit Salz, Pfeffer und dem Knoblauch einreiben.

3. Das Öl in einem Bräter erhitzen und die Lammkeule darin rundum kräftig anbraten. Die Schalotten um das Fleisch verteilen und kurz mitbraten. Den Weißwein angießen. Den Bräter offen in den Ofen (Mitte, Umluft 230°) stellen und die Keule etwa 10 Minuten braten.

4. Die Temperatur auf 200° (Umluft 180°) reduzieren, und die Lammkeule noch etwa 50 Minuten braten. Dabei immer wieder mit der Bratenflüssigkeit begießen.

5. Inzwischen für die Sauce die Minze waschen, die Blättchen von den Stielen zupfen und fein hacken. Mit dem Zucker und 2 Eßlöffeln heissem Wasser in einer Schüssel so lange verrühren, bis sich der Zucker aufgelöst hat. Die Sauce mit dem Essig abschmecken.

6. Die Lammkeule aus dem Bräter nehmen und etwa 10 Minuten ruhen lassen. Das Fleisch schräg zum Knochen in Scheiben schneiden, auf einer vorgewärmten Platte anrichten und mit dem Bratensaft beträufeln. Die Minzsauce getrennt servieren. Dazu schmecken Salzkartoffeln und grüne Bohnen oder Möhrengemüse.

Variante:
Zwiebelsauce
Zur Lammkeule paßt statt der Minzsauce auch Zwiebelsauce. Dafür 1,2 kg Zwiebeln schälen, knapp mit Wasser bedecken und in etwa 20 Minuten garen. Die Zwiebeln abtropfen lassen, kleinschneiden und in einer Pfanne in 100 g Butter braten. Sobald die Zwiebeln bräunlich sind, 4 Eßlöffel Double Cream oder Créme fraîche einrühren und die Sauce mit Salz und Pfeffer abschmecken.

Ein ideales Festessen: Die Lammkeule mit Minzsauce läßt sich einfach zubereiten und schmeckt ganz besonders gut.

Rindfleisch-Nieren-Pastete

Steak and Kidney Pie

Zutaten für 1 Pieform von 20 cm Ø:
Für die Füllung:
1 Kalbsniere (etwa 250 g)
750 g Rindfleisch aus der Schulter
2 Eßl. Mehl
1 große Zwiebel
4 Eßl. neutrales Öl
Salz
schwarzer Pfeffer, frisch gemahlen
2 Teel. Worcestershiresauce
100 ml trockener Rotwein (ersatzweise Fleischbrühe)
200 ml Fleischbrühe (selbstgemacht oder Fertigprodukt)
Für den Teig:
100 g Mehl
1 Eßl. Milch
Salz
50 g Butter
Zum Bestreichen: 1 Eigelb
Für die Arbeitsfläche: Mehl

Braucht etwas Zeit

Bei 4 Personen pro Portion etwa: 2600 kJ/620 kcal
54 g Eiweiß · 32 g Fett
26 g Kohlenhydrate

- Zubereitungszeit: etwa 2 1/4 Stunden

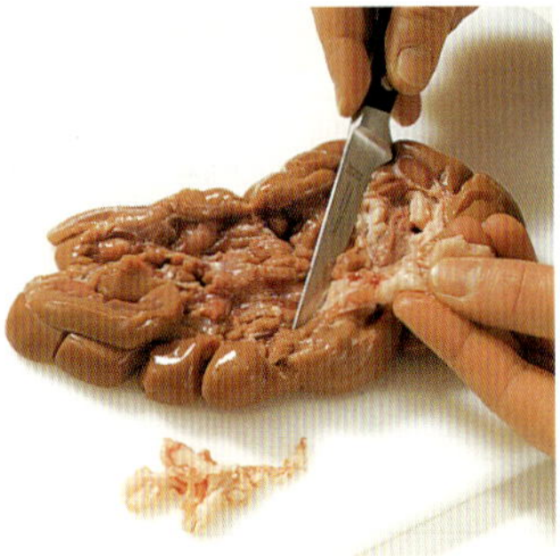

1. Die Kalbsniere der Länge nach aufschneiden und die weißen Stränge entfernen. Die Niere abspülen und für mindestens 30 Minuten in kaltes Wasser legen.

2. Inzwischen das Rindfleisch klein würfeln und mit 1 Eßlöffel Mehl bestäuben. Die Zwiebel schälen und fein hacken.

3. In einem Topf 3 Eßlöffel Öl erhitzen. Die Fleischwürfel und die Zwiebel darin anbraten. Mit Salz, Pfeffer und der Worcestershiresauce würzen und mit dem Rotwein ablöschen. Die Brühe angießen. Alles aufkochen und zugedeckt bei mittlerer Hitze etwa 45 Minuten garen.

4. Währenddessen für den Teig das Mehl auf die Arbeitsfläche sieben. In die Mitte eine Mulde drücken und die Milch und Salz hineingeben. Die Butter kleinschneiden und auf dem Mehl verteilen. Alles rasch zu einem glatten Teig verkneten, zu einer Kugel formen und zugedeckt etwa 15 Minuten kühl stellen.

5. Die Niere aus dem Wasser nehmen, nochmals abspülen, trockentupfen und in etwa 1/2 cm dicke Scheiben schneiden. In dem restlichen Öl rundum anbraten und mit dem restlichen Mehl bestäuben. Mit Salz und Pfeffer würzen. Die Niere unter das Rindfleisch mischen. Die Mischung abkühlen lassen.

6. Den Backofen auf 200° vorheizen. Den Teig auf der bemehlten Arbeitsfläche gleichmäßig zu einer Platte ausrollen, die etwas größer als die Pieform ist.

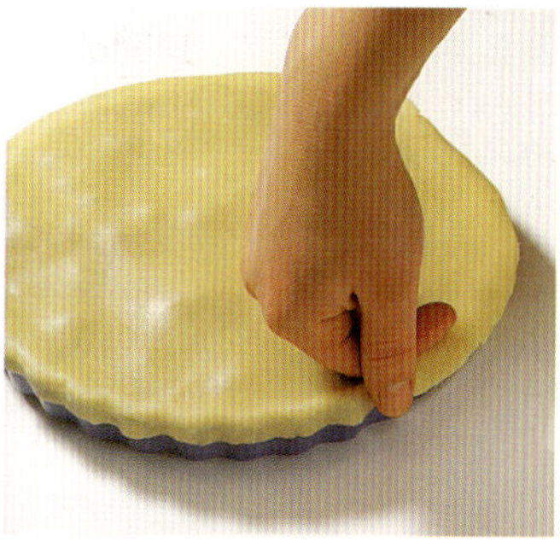

7. Die Fleischmischung in die Form geben. Die Teigplatte darauf legen. Den Rand etwas überlappen lassen und außen fest an die Form drücken. In die Mitte des Deckels ein Loch schneiden.

8. Das Eigelb mit 1 Eßlöffel Wasser verquirlen und den Teigdeckel damit bestreichen. Die Pie im Ofen (Mitte, Umluft 180°) in etwa 25 Minuten goldbraun backen.

Tip!

Anstelle von Rindfleisch können Sie auch Schweinefleisch verwenden, dann verkürzt sich die Garzeit für die Füllung um die Hälfte. Wenn Sie keine Nieren bekommen oder darauf verzichten möchten, nehmen Sie vom übrigen Fleisch 1/2 Pfund mehr.

Käseschnitten

Welsh Rarebits

Zutaten für 4 Personen:
200 g Cheddar
2 Eßl. Butter
4 Eßl. helles Bier
Salz
weißer Pfeffer, frisch gemahlen
1 Messerspitze Senf
1 Spritzer Worcestershiresauce
2 Eßl. Schweineschmalz
4 Scheiben Toastbrot

Schnell

Pro Portion etwa:
1600 kJ/380 kcal
2 g Eiweiß · 14 g Fett
10 g Kohlenhydrate

- Zubereitungszeit: etwa 25 Minuten

1. Den Backofen auf 250° vorheizen. Den Käse grob raspeln. Die Butter und das Bier in einem Topf erhitzen. Den Käse unter Rühren darin auflösen. Mit Salz, Pfeffer, Senf und Worcestershiresauce kräftig würzen. Die Mischung bei ganz schwacher Hitze warm halten.

2. Das Schmalz in einer Pfanne erhitzen. Die Brotscheiben darin auf beiden Seiten goldbraun braten.

3. Das Brot in eine feuerfeste Form legen und mit der Käsemischung gleichmäßig begießen. Die Käseschnitten im Ofen (oben, Umluft 230°) 6–8 Minuten überbacken, bis der Käse bräunt.

Rinderragout mit Klößen

Beef with Dumplings

Zutaten für 4 Personen:
Für das Ragout:
200 g Zwiebeln
800 g Rindfleisch aus der Unterschale
4 Sardellenfilets
3 Eßl. neutrales Öl
1 Eßl. Mehl
Salz
schwarzer Pfeffer, frisch gemahlen
1 Teel. getrockneter Thymian
Muskatnuß, frisch gerieben
150 ml trockener Weißwein
(ersatzweise Fleischbrühe)
1/2 l Fleischbrühe (selbstgemacht oder Fertigprodukt)
400 g Möhren
4 Stangen Staudensellerie
1 Bund Petersilie
Für die Klöße:
1 Ei
150 ml Milch
200–250 g Mehl
1 Teel. Backpulver
1/2 Teel. Salz
1 Teel. gehackte Petersilie

Braucht etwas Zeit

Pro Portion etwa:
2800 kJ/670 kcal
55 g Fett · 19 g Eiweiß
64 g Kohlenhydrate

- Zubereitungszeit: etwa 1 1/2 Stunden

1. Die Zwiebeln schälen und fein hacken. Das Fleisch in mundgerechte Würfel schneiden. Die Sardellenfilets fein hacken.

2. Das Öl in einem Topf erhitzen und das Fleisch darin portionsweise anbraten. Die Zwiebeln und die Sardellenfilets untermischen und etwa 5 Minuten mitbraten.

3. Das Mehl untermischen. Das Fleisch mit Salz, Pfeffer, Thymian und Muskat würzen. Mit Wein und Brühe ablöschen. Alles aufkochen, dann zugedeckt bei mittlerer Hitze etwa 40 Minuten schmoren lassen.

4. Inzwischen die Möhren schälen und waschen. Den Sellerie putzen und waschen. Beide Gemüse schräg in mundgerechte Stücke schneiden und unter das Fleisch mischen. Die Petersilie waschen und fein hacken. 2 Teelöffel davon beiseite legen, den Rest zum Ragout geben. Das Ragout noch etwa 30 Minuten garen.

5. Reichlich Wasser zum Kochen bringen. Für die Klöße Ei und Milch verrühren. Mehl und Backpulver unterarbeiten. Salz und Petersilie dazugeben. Von dem Teig Klöße abstechen und im leicht köchelnden Wasser etwa 5 Minuten ziehen lassen. Die Klöße mit einem Schaumlöffel herausnehmen. Das Ragout mit der Petersilie bestreuen und mit den Klößen zusammen servieren.

Bild oben: Käseschnitten
Bild unten: Rinderragout mit Klößen

Stachelbeer-creme

Gooseberry Fool

Dieses köstliche Dessert läßt sich auch mit anderen Beerensorten ganz einfach zubereiten.

Zutaten für 4 Personen:
750 g frische Stachelbeeren
100 g Zucker · 250 g Sahne

Gelingt leicht

Pro Portion etwa:
1500 kJ/360 kcal
3 g Eiweiß · 20 g Fett
40 g Kohlenhydrate

- Zubereitungszeit: etwa 50 Minuten
- Kühlzeit: 30 Minuten

1. Die Stachelbeeren putzen, waschen und sorgfältig abtropfen lassen.

2. In einem Topf 1/2 l Wasser mit 50 g Zucker aufkochen lassen. Die Stachelbeeren dazugeben und bei mittlerer Hitze im offenen Topf etwa 15 Minuten garen.

3. Die Stachelbeeren in ein Sieb abgießen, pürieren und abkühlen lassen.

4. Die Sahne mit dem restlichen Zucker steif schlagen und unter das Stachelbeerpüree heben. Die Stachelbeercreme in eine Schüssel oder in Gläser füllen und mindestens 30 Minuten kühlstellen.

Beerenpie

Pie with Berries

Zutaten für eine Pieform von
24 cm Ø:
Für den Teig:
90 g kalte Butter
30 g kaltes Butterschmalz
150 g Mehl
Salz
1 Eßl. Zucker
Für die Füllung:
250 g Brombeeren
250 g rote Johannisbeeren
250 g schwarze Johannisbeeren
100 g Zucker
1 Zimtstange
abgeriebene Schale von 1/2 unbe-
handelten Zitrone
1/8 l Rotwein (ersatzweise Fruchtsaft)
Für die Arbeitsfläche: Mehl

Für Gäste

Bei 6 Personen pro Portion etwa: 1600 kJ/380 kcal
4 g Eiweiß · 18 g Fett
44 g Kohlenhydrate

- Zubereitungszeit: etwa 1 3/4 Stunden

1. Die Butter und das Butterschmalz klein würfeln und in eine Schüssel geben. Das Mehl darüber sieben. Salz, Zucker sowie 3 Eßlöffel eiskaltes Wasser dazugeben. Alles rasch zu einem glatten Teig verkneten und zugedeckt etwa 1 Stunde kühl stellen.

2. Inzwischen die Beeren verlesen, abbrausen und gründlich abtropfen lassen. Die Brombeeren, wenn nötig, entkelchen, die Johannisbeeren von den Rispen streifen. Alle Beeren in einen Topf geben, mit Zucker bestreuen und zugedeckt etwa 30 Minuten Saft ziehen lassen.

3. Die Zimtstange, die Zitronenschale und den Rotwein zu den Beeren geben. Alles aufkochen und zugedeckt bei schwacher Hitze etwa 5 Minuten köcheln lassen. Die Beeren mit einem Schaumlöffel aus dem Topf nehmen und in eine flache Pieform füllen.

4. Den Backofen auf 200° vorheizen. Den Teig auf der leicht bemehlten Arbeitsfläche zu einem Deckel ausrollen, der etwas größer als die Form ist. Den Rand der Form mit Wasser bestreichen. Den Deckel auf die Beeren legen, am Rand der Form andrücken und mit einer Gabel mehrmals einstechen.

5. Die Pie im Ofen (Mitte, Umluft 180°) in etwa 30 Minuten goldbraun backen. Den Teigdeckel wie eine Torte in Stücke schneiden, auf Teller verteilen und die heissen Beeren darüber löffeln.

Im Bild vorne: Stachelbeercreme
Im Bild hinten: Beerenpie

Biskuitspeise

Trifle

Dieses köstliche Dessert können Sie bereits am Morgen zubereiten und anschließend im Kühlschrank ruhen lassen. Vor dem Servieren garnieren Sie es dann nur noch mit der Sahne.

Zutaten für 1 Springform von 24 cm Ø:
Für den Biskuit:
3 Eier
60 g Zucker
100 g Mehl
4 Eßl. Erdbeer- oder Johannisbeerkonfitüre
125 ml Sherry
2 Eßl. Brandy
1 Prise Muskatnuß, frisch gerieben
50 g Mandeln, gehobelt
Für die Creme:
1 Vanilleschote
1/2 l Milch · 4 Eigelb
100 g Zucker
1 Eßl. Speisestärke
200 g Sahne
1/2 Teel. abgeriebene Schale einer unbehandelten Zitrone
2 Teel. Puderzucker
Zum Garnieren: kandierte Früchte
Für die Form: Fett oder Backpapier

Für Gäste

Pro Portion etwa:
2130 kJ/566 kcal
12 g Eiweiß · 26 g Fett
53 g Kohlenhydrate

- Zubereitungszeit: etwa 3 Stunden (davon 20 Minuten Backzeit, 30 Minuten Kühlzeit und 1 Stunde Ruhezeit)

1. Den Backofen auf 190° vorheizen. Für den Biskuit die Eier trennen. Die Eigelbe mit dem Zucker zu einer hellen Creme verrühren. Die Eiweiße steif schlagen und auf die Eigelbcreme geben. Das Mehl darüber sieben und alles vorsichtig mischen. Die Form fetten oder mit Backpapier auslegen. Den Teig hineinfüllen und im Ofen (Mitte, Umluft 170°) in etwa 20 Minuten backen. Herausnehmen, auf ein Kuchengitter stürzen und in etwa 30 Minuten erkalten lassen.

2. Den Biskuit mit der Konfitüre bestreichen, in mundgerechte Stücke schneiden und in eine Schüssel füllen.

3. Den Biskuit mit dem Sherry und dem Brandy gleichmäßig beträufeln, mit Muskat bestäuben und mit den gehobelten Mandeln bestreuen. Zugedeckt etwa 30 Minuten bei Zimmertemperatur ziehen lassen.

4. Inzwischen für die Creme die Vanilleschote längs aufschlitzen, das Mark herausschaben und beides mit der Milch in einen Topf geben. Die Milch aufkochen lassen, dann vom Herd nehmen, die Schote entfernen.

5. Die Eigelbe und den Zucker mit den Quirlen des elektrischen Handrührgeräts zu einer hellen dicken Creme schlagen. Das dauert etwa 10 Minuten. Die Speisestärke unterrühren. Langsam die heiße Milch einrühren. Die Masse zurück in den Topf gießen und unter ständigem Rühren aufkochen lassen. Den Topf vom Herd nehmen.

6. Die warme Creme über dem Biskuit verteilen. Die Biskuitspeise in etwa 30 Minuten erkalten lassen.

7. Vor dem Servieren die Sahne mit der Zitronenschale und dem Puderzucker steif schlagen, in einen Spritzbeutel mit Sterntülle füllen und dekorativ auf den Trifle spritzen. Nach Belieben mit kandierten Früchten garnieren.

Varianten:
Anstelle der Mandelblättchen werden in England auch gerne Makronen verwendet. Sehr gut schmeckt die Biskuitspeise auch, wenn noch 250 g Himbeeren eingeschichtet werden.

Tip!

Schneller ist diese Nachspeise zubereitet, wenn Sie einen gekauften Biskuitboden oder 200 g Löffelbiskuit verwenden.

Englisches Understatement der süßen Art: »Kleinigkeit« sagen die Engländer zu dieser üppigen, aber köstlichen Versuchung.

Brotauflauf

Bread and Butter Pudding

Diesen leckeren Auflauf können Sie entweder als süßes Hauptgericht oder als üppiges Dessert servieren.

Zutaten für 4 Personen:
100 g Rosinen
8 Scheiben Kastenweißbrot (je etwa 1/2 cm dick)
50 g Butter
1 Vanilleschote
3/4 l Milch
100 g Zucker
abgeriebene Schale von 1/2 unbehandelten Zitrone
1 Prise Muskatnuß, frisch gerieben
4 Eier
Für die Form: Butter
Zum Bestäuben: Puderzucker

Gelingt leicht

Pro Portion etwa:
2300 kJ/550 kcal
16 g Eiweiß · 25 g Fett
63 g Kohlenhydrate

- Zubereitungszeit: etwa 1 1/2 Stunden

1. Eine große Auflaufform mit Butter ausstreichen. Die Rosinen heiß waschen und abtropfen lassen. Die Brotscheiben mit der Butter bestreichen und dachziegelartig in die Form schichten, dabei die Hälfte der Rosinen zwischen die Brotscheiben, den Rest darüber streuen.

2. Die Vanilleschote längs aufschlitzen und das Mark herausschaben. Beides mit der Milch, dem Zucker, der Zitronenschale und dem Muskat aufkochen und etwa 10 Minuten bei schwacher Hitze ziehen lassen.

3. Den Backofen auf 180° vorheizen. Die Eier in einer Schüssel aufschlagen. Die heiße Milch durch ein feines Sieb dazugießen und verquirlen. Die Eiermilch langsam über die Brotscheiben gießen, so daß sie fast ganz aufgesogen wird.

4. Den Auflauf im Ofen (Mitte, Umluft 160°) in etwa 1 Stunde goldgelb backen. Mit Puderzucker bestäuben und noch heiß servieren. Dazu schmeckt Kompott.

Weißwein-creme

Syllabub

Eine leichte Creme, die gut gekühlt im Sommer herrlich erfrischend ist.

Zutaten für 4 Personen:
1 unbehandelte Zitrone
100 ml Weißwein
2 Eßl. Brandy
60 g Zucker
250 g Sahne
Muskatnuß, frisch gerieben

Berühmtes Gericht

Pro Portion etwa:
1200 kJ/290 kcal
2 g Eiweiß · 20 g Fett
18 g Kohlenhydrate

- Zubereitungszeit: etwa 15 Minuten
- Ruhezeit: 12 Stunden

1. Die Zitrone heiß abwaschen, abtrocknen, die Schale abreiben und den Saft auspressen. Die Hälfte der Zitronenschale, den -saft, den Weißwein und den Brandy vermischen und zugedeckt über Nacht ruhen lassen.

2. Die Mischung durch ein Sieb in eine weite hohe Schüssel gießen. Den Zucker einstreuen und so lange rühren, bis er sich aufgelöst hat.

3. Die Sahne unter ständigem Rühren mit den Quirlen des elektrischen Handrührgeräts langsam dazugießen und mit Muskat würzen. Die Creme so lange rühren, bis sie fest ist.

4. Den Syllabub sofort in vier schmale hohe Gläser füllen und bis zum Servieren zugedeckt kühl stellen. Mit der restlichen Zitronenschale bestreuen und nach Belieben mit Biskuits reichen.

Variante:
Sie können diese Nachspeise auch mit 100 ml Ale oder Cider zubereiten.

Im Bild vorne: Weißweincreme
Im Bild hinten: Brotauflauf

Apfelkuchen

Apple Pie

Frisch aus dem Backofen, serviert mit einer feinen Vanillesauce oder mit Schlagsahne, schmeckt er besonders gut.

Zutaten für eine Pieform von etwa 26 cm Ø:
Für den Teig:
250 g Mehl
1 Messerspitze Backpulver
1/2 Teel. Salz
2 Eßl. Zucker
1 Ei
60 g eiskalte Butter
Für die Füllung:
750 g säuerliche Äpfel (zum Beispiel Boskop)
Saft und Schale von 1/2 unbehandelten Zitrone
3 Eßl. Zucker
1/2 Teel. Nelkenpulver
Für die Form: Fett
Für die Arbeitsfläche: Mehl
Zum Bestreichen: 1 Eigelb
Zum Bestäuben: Puderzucker

Für Gäste

Bei 12 Stücken pro Stück etwa:
700 kJ/170 kcal
2 g Eiweiß · 6 g Fett
2 g Kohlenhydrate

- Zubereitungszeit: etwa 2 Stunden

1. Für den Teig das Mehl auf die Arbeitsfläche sieben, Backpulver, Salz und Zucker darüber streuen und eine Mulde hineindrücken. Das Ei trennen, das Eigelb in die Mulde geben. Die Butter kleinschneiden und auf dem Mehl verteilen. Alles zu einem glatten Teig verkneten, dabei 3 Eßlöffel kaltes Wasser einarbeiten. Den Teig zu einer Kugel formen und zugedeckt etwa 30 Minuten kühl stellen.

2. Inzwischen für die Füllung die Äpfel schälen, vierteln, von den Kerngehäusen befreien und in schmale Scheiben schneiden. In einer Schüssel mit dem Zitronensaft, der -schale, dem Zucker und dem Nelkenpulver mischen.

3. Den Backofen auf 180° vorheizen. Die Form sorgfältig einfetten. Auf der leicht bemehlten Arbeitsfläche zwei Drittel des Teigs in Größe der Form ausrollen und auf den Boden der Form legen. Die Äpfel gleichmäßig darauf verteilen, dabei rundum einen etwa fingerbreiten Rand frei lassen. Das Eiweiß halbsteif schlagen und den Teigrand damit bestreichen.

5. Aus dem restlichen Teig einen Deckel in Größe der Form ausrollen und über die Äpfel legen. Die Teigränder fest zusammendrücken. In die Mitte des Deckels ein kreisförmiges Loch schneiden. Aus den Teigresten Blätter formen und den Deckel damit verzieren. Das Eigelb verquirlen und den Kuchen damit bestreichen.

6. Den Apfelkuchen im Ofen (Mitte, Umluft 160°) in etwa 40 Minuten goldbraun backen. Vor dem Servieren mit Puderzucker bestäuben.

Orangencreme

Orange Cream

Dieses Dessert läßt sich so schnell zubereiten, daß Sie damit auch Überraschungsgäste verwöhnen können.

Zutaten für 4 Personen:
300 g Clotted Cream (ersatzweise Crème double)
2 Eßl. Puderzucker
2 Eßl. Orangenkonfitüre
3 Eßl. Whisky
abgeriebene Schale von 1/2 unbehandelten Orange

Für Gäste

Pro Portion etwa:
1600 kJ/380 kcal
2 g Eiweiß · 32 g Fett
8 g Kohlenhydrate

- Zubereitungszeit: etwa 10 Minuten

1. Die Clotted Cream steif schlagen, dabei den Puderzucker einrieseln lassen.

2. Die Orangenkonfitüre mit dem Whisky verrühren und gleichmäßig unter die Cream ziehen.

3. Die Orangensahne in Dessertschalen füllen und bis zum Servieren kalt stellen. Vor dem Servieren mit der Orangenschale bestreuen.

Bild oben: Apfelkuchen
Bild unten: Orangencreme

Weihnachtspudding mit Brandybutter

Christmas Pudding with Brandy Butter

Einer alten Überlieferung nach darf man sich beim Rühren des Teigs etwas wünschen!

Zutaten für 1 verschließbare Puddingform von 1 3/4 l Inhalt:
Für den Weihnachtspudding:
250 g Rosinen
250 g Sultaninen
2 Eßl. Orangeat
2 Eßl. Zitronat
90 g Mandeln, gemahlen
90 g Semmelbrösel
1 Prise Salz
1 Teel. Zimtpulver
1 Prise Muskatnuß, frisch gerieben
1 Messerspitze Piment
100 g weiche Butter
125 g brauner Zucker
2 Eier
4 Eßl. Weinbrand
Saft und Schale von 1 unbehandelten Zitrone
Für die Brandybutter:
2 Eigelb · 2 Eßl. Zucker
6 Eßl. Weinbrand
150 g Clotted Cream (ersatzweise Crème double)
1 Eßl. Puderzucker
1 Teel. Vanillezucker
Für die Form: Fett

Berühmtes Gericht

Bei 8 Personen pro Portion etwa: 2600 kJ/600 kcal
8 g Eiweiß · 30 g Fett
70 g Kohlenhydrate

- Zubereitungszeit: etwa 1 Stunde
- Garzeit: etwa 4 Stunden

1. Die Rosinen und die Sultaninen heiß waschen, abtropfen lassen und in eine große Schüssel geben. Das Orangeat und das Zitronat, Mandeln und Semmelbrösel hinzufügen und mit Salz, Zimt, Muskat und Piment würzen.

2. Die Butter mit dem Zucker in einer Schüssel cremig rühren. Nacheinander die Eier und den Weinbrand einarbeiten. Den Zitronensaft und die -schale hinzufügen. Die Buttermischung in die Schüssel zu der Fruchtmischung geben und alles zu einem Teig vermischen.

3. Die Puddingform sorgfältig einfetten. So viel Teig einfüllen, daß die Form bis zu zwei Dritteln gefüllt ist. Den Deckel fest verschließen.

4. Die Puddingform in einen großen Topf stellen und so viel heißes Wasser angießen, daß die Form bis zur Hälfte im Wasser steht. Den Pudding im geschlossenen Topf bei schwacher Hitze in etwa 4 Stunden garen, dabei immer wieder das verdunstete Wasser nachfüllen.

5. Inzwischen für die Brandybutter die Eigelbe und den Zucker in einer hitzebeständigen Schüssel mit den Quirlen des elektrischen Handrührgeräts zu einer hellen dicken Creme aufschlagen. Die Schüssel in ein leicht siedendes Wasserbad stellen und die Creme so lange weiterschlagen, bis sie sehr fest geworden ist. Den Weinbrand einrühren.

6. Die Schüssel in Eiswasser stellen und weiterrühren, bis die Creme erkaltet ist. Die Clotted Cream, 3 Eßlöffel kaltes Wasser, den Puder- und den Vanillezucker einrühren. Die Brandybutter bis zum Servieren kalt stellen.

7. Den Weihnachtspudding aus der Form auf eine Platte stürzen und mit der Brandybutter servieren.

Tip!

Der Weihnachtspudding kann in Alufolie verpackt mindestens 4 Wochen an einem kühlen Ort aufbewahrt werden. Vor dem Servieren muß er dann im heißen Wasserbad etwa 1 Stunde erwärmt werden.

Diese inhaltsreiche Süßspeise gibt es nur einmal im Jahr, aber da dar er nicht fehlen: Der Weihnachtspudding ist für viele englische Familien fester Bestandteil des Fests.

Eier-sandwiches

Egg Sandwiches

Zutaten für 8 Sandwiches:
3 Eier · 1 Bund Schnittlauch
2 Eßl. Mayonnaise (selbstgemacht oder Fertigprodukt)
1 Teel. Senf · Salz
schwarzer Pfeffer, frisch gemahlen
8 Scheiben Toastbrot
50 g Butter

Gelingt leicht

Pro Stück etwa:
630 kJ/150 kcal
4 g Eiweiß · 10 g Fett
10 g Kohlenhydrate

- Zubereitungszeit: etwa 20 Minuten

1. Die Eier in 8–10 Minuten hart kochen. Inzwischen den Schnittlauch waschen und in feine Röllchen schneiden.

2. Die Eier abschrecken, schälen, etwas abkühlen lassen und fein hacken. Mit Mayonnaise, Senf, Schnittlauch, Salz und Pfeffer verrühren.

3. 4 Toastbrotscheiben mit Butter, dann mit der Eiermischung bestreichen. Je 1 Scheibe darauf legen und andrücken. Die Brotrinden abschneiden und die Sandwiches diagonal halbieren.

Gurken-sandwiches

Cucumber Sandwiches

Zutaten für 8 Sandwiches:
1/2 Salatgurke
1 Eßl. Zitronensaft
Salz
schwarzer Pfeffer, frisch gemahlen
8 Scheiben Toastbrot
50 g Butter (nach Belieben Kräuterbutter)

Schnell

Pro Stück etwa:
430 kJ/100 kcal
2 g Eiweiß · 6 g Fett
10 g Kohlenhydrate

- Zubereitungszeit: etwa 10 Minuten

1. Die Gurke schälen, in eine Schüssel hobeln und mit Zitronensaft, Salz und Pfeffer vermischen.

2. Die Toastbrotscheiben dünn mit Butter bestreichen. 4 Scheiben mit der Gurke belegen. Jeweils 1 Toastbrotscheibe fest darauf legen, andrücken und die Brotrinden abschneiden. Die Sandwiches diagonal durchschneiden.

Schinken-sandwiches

Devilled Ham

Zutaten für 8 Sandwiches:
150 g gekochter Schinken in Scheiben
1/2 Bund glatte Petersilie
2 Eßl. Worcestershiresauce
2 Eßl. scharfer Senf
2 Eßl. weiche Butter
1 Prise Cayennepfeffer
8 Scheiben Toastbrot

Raffiniert

Pro Stück etwa:
510 kJ/120 kcal
5 g Eiweiß · 7 g Fett
10 g Kohlenhydrate

- Zubereitungszeit: etwa 10 Minuten

1. Den Schinken von Fetträndern befreien, in kleine Würfel schneiden und in eine Schüssel füllen. Die Petersilie waschen, fein hacken und zum Schinken geben. Die Worcestershiresauce, den Senf und die Butter hinzufügen. Alles gut mischen und mit Cayennepfeffer würzen.

4. Die Schinkencreme auf 4 Toastbrotscheiben streichen. Die restlichen Scheiben darauf legen, andrücken und die Rinden abschneiden. Die Sandwiches diagonal halbieren.

Im Bild vorne: Eiersandwiches
Im Bild Mitte: Gurkensandwiches
Im Bild hinten: Schinkensandwiches

Kokoskuchen

Coconut Cake

Diesen saftigen aromatischen Kuchen essen auch Kinder gerne.

Zutaten für 1 Kastenform von
25 cm Länge und 1 1/2 l Inhalt:
125 g weiche Butter
125 g Zucker
3 Eier
50 g Kokosflocken
abgeriebene Schale und Saft von
1 unbehandelten Zitrone
200 g Mehl
1 Teel. Backpulver
5 Eßl. Puderzucker
2 Eßl. Rum
Für die Form: Fett
Zum Bestreuen: 2 Eßl. Kokosflocken

Gelingt leicht

Bei 15 Stück pro Stück etwa:
840 kJ/200 kcal
3 g Eiweiß · 9 g Fett
22 g Kohlenhydrate

- Zubereitungszeit: etwa 1 Stunde 20 Minuten (davon 45 Minuten Backzeit)

1. In einer Rührschüssel die Butter mit dem Zucker cremig rühren. Die Eier nacheinander dazugeben und unterarbeiten. Den Backofen auf 180° vorheizen.

2. Die Kokosflocken sowie die Zitronenschale und den -saft in die Butter-Eier-Mischung einrühren. Das Mehl dazusieben und das Backpulver einstreuen. Alles zu einem glatten Teig verrühren.

3. Eine Kastenform sorgfältig einfetten. Den Teig einfüllen und im Ofen (Mitte, Umluft 160°) in etwa 45 Minuten goldbraun backen. Den Kuchen herausnehmen, aus der Form stürzen und auf einem Kuchengitter etwas abkühlen lassen.

4. Den Puderzucker mit dem Rum verrühren und den lauwarmen Kuchen damit bestreichen. Die Kokosflocken gleichmäßig auf den Guß streuen.

Früchtekuchen

Dundee Cake

Zutaten für 1 Springform von
24 cm Ø:
250 g Butter
250 g Zucker
5 Eier
300 g Mehl
1 Päckchen Backpulver
200 g Rosinen
75 g Mandeln, gemahlen
100 g kandierte Früchte, gewürfelt
abgeriebene Schale von 1 unbehandelten Orange
2 Eßl. Sherry (Amontillado)
50 g Mandelkerne, halbiert
Für die Form: Fett

Berühmtes Rezept

Bei 12 Stück pro Stück etwa:
1900 kJ/450 kcal
7 g Eiweiß · 26 g Fett
48 g Kohlenhydrate

- Zubereitungszeit: etwa 2 Stunden

1. Die Butter mit dem Zucker in einer Schüssel cremig rühren. Die Eier nacheinander dazugeben und unterarbeiten. Das Mehl und das Backpulver über die Butter-Eier-Mischung sieben und verrühren. Die Rosinen heiß waschen, trockentupfen und mit den Mandeln, kandierten Früchten, Orangenschale und dem Sherry unterheben.

2. Den Backofen auf 180° vorheizen. Die Form einfetten. Den Teig einfüllen. Die Oberfläche glattstreichen und mit den Mandelhälften garnieren. Den Kuchen im Ofen (Mitte, Umluft 160°) in etwa 1 1/2 Stunden backen. Nach etwa 30 Minuten den Kuchen mit Alufolie abdecken, damit die Oberfläche nicht zu dunkel wird.

3. Den fertigen Kuchen aus der Form lösen und auf einem Kuchengitter abkühlen lassen.

Tip!

Der Kuchen bleibt in Alufolie verpackt gut eine Woche lang frisch.

Im Bild vorne: Kokoskuchen
Im Bild hinten: Früchtekuchen

Scones

Diese Brötchen gibt es häufig zum Nachmittagstee. Sie schmecken am besten ganz frisch.

Zutaten für 8 Stück:
250 g Mehl
3 Teel. Backpulver
50 g Butter
150 ml Milch
1 Teel. Zucker
1 Prise Salz
Für das Backblech: Fett
Zum Bestreichen: 1 Eigelb

Gelingt leicht

Pro Stück etwa:
720 kJ/170 kcal
3 g Eiweiß · 6 g Fett
26 g Kohlenhydrate

- Zubereitungszeit: etwa 1 1/4 Stunden

1. Das Mehl mit dem Backpulver in eine Schüssel sieben. Die Butter kleinschneiden und mit der Milch, dem Zucker und dem Salz dazugeben. Mit den Knethaken des elektrischen Handrührgeräts alle diese Zutaten zu einem geschmeidigen Teig verarbeiten. Den Teig anschließend mit den Händen gründlich durchkneten und zu einer etwa 16 cm langen Rolle formen. Die Rolle etwa 15 Minuten zugedeckt kühl stellen.

2. Den Backofen auf 220° vorheizen. Das Backblech einfetten. Die Teigrolle in 8 gleich große Scheiben schneiden. Die Scheiben zu Kugeln formen und auf das Blech setzen.

3. Das Eigelb verquirlen und die Brötchen damit bestreichen. Die Brötchen im Ofen (Mitte, Umluft 200°) in etwa 20 Minuten goldbraun backen. Mit Butter und Marmelade servieren.

Warme Kreuzsemmeln

Hot Cross Buns

Dieses beliebte Frühstücks- und Teegebäck gibt es traditionell am Karfreitag.

Zutaten für 18 Stück:
500 g Mehl
1 Teel. Würzmischung aus Zimt- und Nelkenpulver sowie Muskatnuß, frisch gerieben
1/2 Würfel Hefe (20 g)
50 g Zucker
200 ml lauwarme Milch
100 g Butter
1 Prise Salz
50 g Rosinen
Für das Backblech: Fett

Braucht etwas Zeit

Pro Stück etwa:
700 kJ/170 kcal
3 g Eiweiß · 5 g Fett
27 g Kohlenhydrate

- Zubereitungszeit: etwa 1 3/4 Stunden

1. Das Mehl mit der Gewürzmischung in eine Schüssel sieben. In die Mitte eine Mulde drücken. Die Hefe hineinbröckeln und mit 1 Teelöffel Zucker, 3 Eßlöffeln Milch und etwas Mehl vom Rand verrühren. Den Vorteig zugedeckt an einem warmen Ort etwa 10 Minuten gehen lassen.

2. Die Butter in der restlichen Milch schmelzen und mit dem übrigen Zucker und dem Salz zum Vorteig geben. Alles mit den Knethaken des elektrischen Handrührgeräts so lange verrühren, bis sich der Teig vom Schüsselrand löst. Die Rosinen heiß abwaschen, trockentupfen und unterheben. Den Teig zugedeckt an einem warmen Ort etwa 30 Minuten gehen lassen, bis er das Doppelte seines Volumens erreicht hat.

3. Den Backofen auf 200° vorheizen. Ein Backblech einfetten. Aus dem Teig 18 eigroße Semmeln formen und auf das Backblech setzen. Zugedeckt nochmals etwa 15 Minuten gehen lassen.

4. Mit einem Messer jeweils ein Kreuz in die Oberfläche der Semmeln schneiden. Die Kreuzsemmeln im Ofen (Mitte, Umluft 180°) in 15–20 Minuten backen und sofort servieren.

Im Bild vorne: Scones
Im Bild hinten: Warme Kreuzsemmeln

Baisertörtchen

Maids of Honour

Zutaten für 8 Tortelettförmchen:
Für den Teig:
200 g Mehl
100 g Butter
2 Eßl. Puderzucker
Salz
1 Eigelb
2 Eßl. Milch
Für den Belag:
3 Eier
1 Prise Salz
3 Eßl. Puderzucker
75 g Mandeln, gemahlen
2 Eßl. Sahne
2 Eßl. Mehl
1 Messerspitze Backpulver
3 Eßl. Himbeerkonfitüre
8 Mandelkerne
Für die Förmchen: Fett

Braucht etwas Zeit

Pro Stück etwa:
1500 kJ/860 kcal
8 g Eiweiß · 21 g Fett
26 g Kohlenhydrate

- Zubereitungszeit: etwa 1 1/2 Stunden

1. Das Mehl auf die Arbeitsfläche sieben und in die Mitte eine Mulde drücken. Die Butter kleinschneiden und mit dem Puderzucker und dem Salz auf dem Rand verteilen. Das Eigelb und die Milch in die Mulde geben. Alles rasch zu einem glatten Teig verkneten. Den Teig zugedeckt etwa 30 Minuten kühl stellen.

2. Für den Belag die Eier trennen. Die Eiweiße mit dem Salz steif schlagen und kühl stellen. Die Eigelbe mit dem Puderzucker cremig rühren. Die Mandeln und die Sahne dazugeben. Das Mehl mit dem Backpulver mischen und unterarbeiten.

3. Den Backofen auf 180° vorheizen. Die Tortelettförmchen sorgfältig einfetten. Den Teig auf der leicht bemehlten Arbeitsfläche 2–3 mm dick ausrollen und die Förmchen damit auslegen. Die Teigböden mit der Himbeerkonfitüre bestreichen.

4. Den Eischnee unter die Eiermasse heben. Die Törtchen mit der Mischung füllen. Jeweils mit 1 Mandel garnieren. Im Ofen (Mitte, Umluft 160°) in etwa 25 Minuten goldbraun backen.

Variante:
Mincemeattörtchen
Sie können die Törtchen auch mit dem in England sehr beliebten Mincemeat füllen, dessen Zubereitung allerdings etwas Zeit braucht. Für etwa 2 1/2 kg Mincemeat vermischen Sie je 500 g gewaschene Sultaninen und Rosinen mit 250 g Talg, der vom Fleischer durch den Fleischwolf gedreht wurde. Dann fügen Sie 1 kg geschälte klein gewürfelte Äpfel, 250 g gehackte Mandeln, 125 g Zitronat und Orangeat hinzu und würzen die Mischung mit der abgeriebenen Schale 1 unbehandelten Zitrone, je 1 Prise Muskat und Ingwer sowie 1 Teelöffel Zimt. Am Schluß gießen Sie 1/8 l spanischen Brandy an, decken die Mischung zu und lassen sie etwa 3 Tage lang an einem kühlen Ort, aber nicht im Kühlschrank, ruhen, wobei Sie sie täglich umrühren. Dann geben Sie noch einmal 1/8 l Brandy in das Mincemeat, füllen es in vorbereitete Törtchen und backen diese wie beschrieben.
Restliches Mincemeat können Sie in gut schließenden Gläsern an einem kühlen Ort 4–6 Monate aufbewahren, nach 4 Wochen auch im Kühlschrank.

Tip!

Mincemeat läßt sich nicht nur als Füllung für kleine Törtchen, sondern auch für Pies und Pasteten (zum Beispiel Cornish Pasties) verwenden.

Einfach unwiderstehlich sind die süßen »Ehrenjungfern«!

Shortbread

Zutaten für etwa 40 Stück:
250 g weiche Butter
125 g Zucker · 1 Prise Salz
350 g Mehl
Für die Arbeitsfläche: Mehl
Zum Bestreuen: Zucker
Für das Blech: Fett

Berühmtes Rezept

Pro Stück etwa:
380 kJ/90 kcal
1 g Eiweiß · 5 g Fett
10 g Kohlenhydrate

- Zubereitungszeit: etwa 1 1/4 Stunden

1. Die Butter kleinschneiden und mit dem Zucker und Salz in einer Schüssel cremig rühren. Nach und nach das Mehl darüber sieben. Alles zu einem glatten Teig verarbeiten. Den Teig zugedeckt etwa 30 Minuten kühl stellen.

2. Den Backofen auf 180° vorheizen. Ein Backblech sorgfältig einfetten.

3. Den Teig auf der leicht bemehlten Arbeitsfläche etwa 1/2 cm dick ausrollen. Mit einer Ausstechform Kreise von etwa 4 cm Durchmesser ausstechen und auf das Blech setzen. Die Plätzchen mit einer Gabel mehrmals einstechen.

4. Die Plätzchen im Ofen (Mitte, Umluft 160°) etwa 20 Minuten backen, bis sie leicht gebräunt sind. Herausnehmen und noch heiß mit Zucker bestreuen.

Schokoladenkuchen

Chocolate Cake

Zutaten für 1 Springform von
26 cm Ø:
Für den Teig:
175 g Butter
125 g Zucker
1 Päckchen Vanillinzucker
4 große Eier
150 g Mehl
1 Teel. Backpulver
200 g Instantkakaopulver
Für die Buttercreme:
100 g Butter
100 g Puderzucker
1 Päckchen Vanillinzucker
1 Eigelb
Für die Glasur:
50 g Butter
50 g Zucker
100 g Puderzucker
2 Eßl. Kakaopulver
Für die Form: Butter

Braucht etwas Zeit

Bei 12 Stück pro Stück etwa:
2000 kJ/480 kcal
4 g Eiweiß · 26 g Fett
27 g Kohlenhydrate

- Zubereitungszeit: etwa 2 Stunden

1. Die Butter mit dem Zucker und dem Vanillinzucker cremig rühren. Nacheinander die Eier einrühren. Mehl, Backpulver und Instantkakaopulver in die Schüssel sieben und einarbeiten.

2. Den Backofen auf 160° vorheizen. Die Form fetten und die Hälfte des Teigs hineinfüllen. Im Ofen (Mitte, Umluft 140°) in etwa 35 Minuten backen. Den Kuchen aus der Form nehmen und auf einem Kuchengitter auskühlen lassen. Mit dem restlichen Teig ebenso verfahren.

3. Für die Creme die Butter kleinschneiden und mit dem Puderzucker, dem Vanillinzucker und dem Eigelb zu einer Creme verrühren. Die Creme auf eine Teigplatte streichen, die andere Platte darauf setzen.

4. Für die Glasur die Butter, den Zucker und 6 Eßlöffel Wasser langsam erhitzen. Etwa 5 Minuten köcheln lassen, bis sich der Zucker aufgelöst hat. Den Puderzucker und das Kakaopulver einrühren. Den Kuchen rundum mit der Glasur bestreichen. Nach Belieben mit Walnußhälften oder kandierten Veilchen garnieren.

Im Bild vorne: Shortbread
Im Bild hinten: Schokoladenkuchen

Zum Gebrauch
Damit Sie Rezepte mit bestimmten Zutaten noch schneller finden können, stehen in diesem Register zusätzlich auch beliebte Zutaten wie Geflügel und Äpfel – ebenfalls alphabetisch geordnet und halbfett gedruckt – über den entsprechenden Rezepten.

IMPRESSUM

Umschlag-Vorderseite:
Das Rezept für Shortbread finden Sie auf Seite 60.

Redaktion: Constanze Hub, Christine Wehling
Layout: Ludwig Kaiser
Typografie: Robert Gigler
Herstellung: Renate Hausdorf
Fotos: Odette Teubner, Food Photography Eising (Titelfoto), Franz Marc Fray (S. 6)
Umschlaggestaltung: Heinz Kraxenberger
Satz: Computersatz Wirth, Regensburg
Reproduktion: Imago
Druck und Bindung: Kaufmann, Lahr
ISBN 3-2804-3

Auflage	5.	4.	3.	2.	1.
Jahr	2000	99	98	97	96

Cornelia Adam
erlernte als Hotelfachfrau bei ausgedehnten Auslandsaufenthalten die verschiedenen Landessprachen ebenso wie die kulinarischen Eigenheiten. Später wandte sie sich noch intensiver ihrem Lieblingsthema Essen und Trinken zu – in der Versuchsküche, als Food-Stylistin und als Redakteurin einer bekannten Frauenzeitschrift. Mittlerweile arbeitet sie seit mehreren Jahren als freiberufliche Food-Journalistin und Kochbuchautorin.

Odette Teubner
wurde durch ihren Vater, den international bekannten Food-Fotografen Christian Teubner, ausgebildet. Heute arbeitet sie ausschließlich im Studio für Lebensmittelfotografie Teubner. In ihrer Freizeit ist sie begeisterte Kinderporträtistin – mit dem eigenen Sohn als Modell.